LAMARTINE

DÉJA PARUS DANS LA MÊME COLLECTION

(Novembre 1925)

1. — *Le Chevalier de l'air.* **Guynemer,** par HENRY BORDEAUX, de l'Académie française.
2. — **Victor Hugo,** par MARY DUCLAUX.
3. — **Charles de Foucauld,** *explorateur du Maroc, ermite au Sahara,* par RENÉ BAZIN, de l'Académie française.
4. — **La Vie de Jean-Henri Fabre,** *l'Homère des insectes,* par ÉDOUARD MAYNIAL.
5. — **Henri Poincaré,** par PAUL APPELL, de l'Académie des sciences.
6. — **Lamartine,** par PAUL HAZARD.

Pour paraître prochainement :

7. — **Démosthène,** par GEORGES CLEMENCEAU, de l'Académie française.

Ce volume a été déposé à la Bibliothèque nationale en 1925.

NOBLES VIES — GRANDES ŒUVRES

LAMARTINE

PAR

PAUL HAZARD

Avec deux portraits

PARIS
LIBRAIRIE PLON
PLON-NOURRIT ET Cie, IMPRIMEURS-ÉDITEURS
8, RUE GARANCIÈRE - 6e

Obéissant à des suggestions venues de toutes parts, nous avons décidé la création de cette nouvelle collection : « Nobles vies, grandes œuvres, » *qui mettra à la portée de tous ce qui, dans une vie ou dans une œuvre, rayonne, crée un idéal, suscite les énergies, révèle les apostolats.*

Les éducateurs et ceux qui soutiennent l'ascension de l'homme vers un idéal sans cesse plus élevé, savent combien il est difficile aux jeunes gens ou à ceux que leurs occupations absorbent, d'arriver à se dégager de l'existence quotidienne par d'attrayantes lectures qui exaltent chez eux le goût que tout homme recèle en soi pour ce qui est beau, héroïque et grand.

Il manque toujours quelque chose aux livres d'imagination, et l'enthousiasme qu'ils provoquent est moins riche que celui que fait naître, par exemple, le récit de la vie mouvementée et généreuse d'un homme qui poursuit un idéal et lui sacrifie tout. Certaines vies, certaines œuvres sont plus belles que les plus belles aventures imaginées. Mais on les connaît mal. La collection « Nobles vies, grandes œuvres » *réunira peu à peu les plus lumineux exemples qui peuvent être donnés aux hommes.*

Nous nous sommes assuré la collaboration de nos plus

éminents écrivains. Estimant que la collection n'atteindrait pas son but si elle n'était vivante, et tenant à lui éviter tout caractère pédagogique, nous avons laissé à chacun des auteurs le soin de choisir, lui-même, un sujet qui lui fût familier et qu'il pût traiter d'enthousiasme, avec cette spontanéité que l'on apporte à parler de ce que l'on aime.

C'est ainsi qu'ont pris place dans la collection un Charles de Foucauld, *par René Bazin, et un* Guynemer, *par Henry Bordeaux. Les deux grands auteurs, pour rentrer dans le cadre d'une collection destinée à tous les publics, ont bien voulu refondre les livres qu'ils avaient consacrés à ces héros. Ils les ont allégés de quelques documents qui n'étaient pas indispensables pour faire ressortir quel mouvement passionné anima leur vie.*

A côté des deux biographies déjà citées, paraîtront des œuvres originales, dont les premières déjà parues sont : Victor Hugo, *par Mary Duclaux;* la Vie de J.-H. Fabre, *le célèbre entomologiste, par Edouard Maynial* ; Henri Poincaré, *par Paul Appell.*

LAMARTINE

CHAPITRE PREMIER

LES ENFANCES

Première image.

Regardez : c'est un petit paysan, ou presque. Ni bas, ni souliers; un pantalon de grosse toile écrue, une veste de drap bleu à longs poils, un bonnet de laine brune. Sur sa poitrine, un sac de coutil, qui contient un gros morceau de pain noir et un fromage de chèvre dur comme un caillou. Cheveux ébouriffés et nez au vent, il pousse devant lui son troupeau de chèvres, comme elles capricieux et bondissant.

Il est né à Mâcon, le 10 octobre 1790; mais sa patrie véritable est Milly, pauvre hameau. Son père, ancien officier des armées du roi, s'y était installé après la grande Révolution, s'appliquant à faire prospérer ses champs, à arrondir son bien : solidement accroché à la bonne terre, comme tous ceux de sa lignée. Ses compagnons, ce sont les pâtres. Ses jouets, ce sont les vignes et les noyers ombreux, les vallons et les sources, les collines pierreuses faites pour les escalades; et son clocher gris : clocher qui a laissé s'écrouler sous lui la vieille église, mais qui a gardé une âme et une voix, puisqu'on y entend résonner encore l'*Angelus*.

Fi des petits messieurs de la ville, qui ont peur des vaches, et qui ne savent ni ce que rapporte un arpent de blé, ni comment on fabrique le pain, le vin, et l'huile, ni le temps qu'il fera demain ! L'année n'a pas de mois : elle a des saisons, toutes belles. L'hiver, il est doux de s'asseoir près des fileuses, à la veillée, et d'écouter les contes des vieux bergers, tout en suivant des yeux ces autres histoires qu'écrivent en lettres de flammes les incendies des bûches et des sarments. Alphonse de Lamartine suit le semeur dans les sillons ; il aide les moissonneurs à rentrer les gerbes ; mais jamais il n'est joyeux comme à l'époque où arrive enfin, terminant le cortège de l'année, l'éclatante fête des vendanges.

C'est un petit paysan, ou presque : dans ce *presque* tient toute la différence. Ami des bouviers, il n'en est pas moins le fils du maître. Rustique, sa maison n'en porte pas moins, au-dessus de la porte, un écusson où l'on distingue les armes du chevalier. Il vagabonde : mais quand il rentre, il est accueilli par la plus tendre des mères, dont l'aimable sourire illumine sa jeune vie.

Voyez-vous, il existe un amour sans égal au monde : si chaleureux, que le corps en est tout pénétré avec l'âme. Il semble naturel, et il est miraculeux : car il est à peu près la seule passion qui soit dépouillée d'égoïsme. Il implique un don absolu de soi-même, des sacrifices sans fin et toujours joyeux, une bonté constante. Ceux qui par malheur en ont été privés, risquent de garder toute leur vie quelque chose de rude et d'insatisfait ; il leur a manqué le lait de l'humaine tendresse. L'amour maternel, Lamartine l'éprouva tout entier : c'est peut-être à sa mère qu'il doit le meilleur de lui-même.

Mme de Lamartine était de noble famille ; elle avait

été élevée à Paris, voire à la cour : or elle avait inaltérablement gardé, dans le milieu où les hasards de la vie l'avaient transplantée, toute sa bonne grâce avenante et toute sa fine douceur. Elle se pencha sur ce fils au caractère vif, impatient et fier ; elle lui versa ses qualités, d'âme à âme ; sa bonté, sa générosité, son idéalisme ; le crédit qu'elle faisait à la vie, et à l'humanité : par-dessus tout, son grand besoin d'aimer et d'être aimée. Elle l'adoucit et elle l'affina, à sa ressemblance. Alphonse de Lamartine n'était pas un enfant sans défauts ; il s'emportait, il se mettait en colère ; comme de juste, il tyrannisait ses cinq petites sœurs. Sa mère intervient comme font les bonnes fées, par la vertu magique de son amour. Elle estimait qu'il ne fallait pas contraindre les enfants, encore moins les gronder ; et qu'il suffisait de prêcher d'exemple devant eux : c'était une maman comme on en rêve. Elle l'éleva dans la liberté et dans la joie. La vie est facile ; la vie est belle : il suffit d'aimer...

Pour la jeune âme qui se laisse ainsi modeler par les tendres mains maternelles, quelle douceur ! Le chef de famille reste un peu lointain, un peu froid ; il décourage l'intimité. Et puis, il faut du temps pour que les fils rendent justice aux pères : ils ne les comprennent que sur le tard. Il y a les tantes ; il y a les oncles : celui de Monceau, auquel on rend visite non sans quelque solennité, car il est l'aîné ; et l'oncle abbé, qui habite Monculot. Pourquoi les oncles et les tantes interviennent-ils toujours dans les affaires de leurs neveux? Si c'est pour les gâter, passe encore. Mais si c'est pour les critiquer, ils sortent de leur rôle et dépassent leurs droits : ce sont des puissances acariâtres, des puissances illégitimes. Au contraire, comme il est bon de croire, comme il est bon de chérir une mère qui représente à la fois la vérité et l'amour ! Elle sait tout ; elle explique les mystères, et les insectes, et les plantes, et le soleil, et les étoiles. Elle est belle. Elle va visiter les malades, qui se sentent à moitié guéris dès qu'ils l'aperçoivent à leur chevet. Elle fait sortir des livres de merveilleuses histoires. Elle a tous les pouvoirs : elle n'a pas l'air de commander, et il n'est personne qui ne lui obéisse aussitôt. Quelquefois elle médite, elle rêve : moments d'absence qu'il faut respecter, et dont l'enfant sait bien qu'elle reviendra plus aimante encore, et plus attentive à son bonheur ; une nuance de vénération s'ajoute aux sentiments qu'il professe à son égard. « Un enfant heureux, un esprit sain, une âme aimante » : voilà ce qu'elle fait de lui.

Deuxième image.

Il faut bien aller à l'école, et même apprendre le latin. Et qui donc est capable d'enseigner ce latin mystérieux, clef de la sagesse? A Milly, personne. Mais à Bussière se trouve la paroisse ; et le curé sait le latin, cela va sans dire. Tous les matins, Alphonse de Lamartine, chargé maintenant de ses livres, prend le chemin qui le mène à Bussière, et à l'apprentissage des déclinaisons. Les déclinaisons lui plaisent moins que le sentier, sur lequel on fait de longues glissades, l'hiver.

Le vieux curé est bien las ; il confie sa bruyante classe au vicaire qui l'aide, et qui s'appelle l'abbé Dumont. Si les paroissiens n'aiment pas l'abbé Dumont ; s'ils parlent tout bas de son caractère aigri, de ses aventures peu édifiantes, de ses livres qui sentent le fagot, et même de ses dettes criardes — affreux exemple ! — l'enfant se prend à l'aimer, au contraire, de tout son cœur. Il lui apparaît comme un être extraordinaire : parce qu'il ne s'habille pas comme les autres prêtres, et ressemble non pas à un abbé, mais à un chasseur ; parce qu'il a l'air malheureux, et parle souvent de ses infortunes ; parce qu'il connaît une foule de choses, que

Mme de Lamartine elle-même ne connaît pas ; et parce qu'il représente une catégorie d'humains que l'écolier ne comprend pas encore, mais qui l'attire déjà : les inquiets, les nostalgiques, les rebelles, et ceux qui se créent à eux-mêmes leur propre tourment. L'abbé Dumont ne sortira plus de son souvenir ni de son affection.

Viennent les mauvais jours. L'école de Bussière apparaît comme insuffisante : cet enfant ne sait rien, il faut le mettre en pension, a dit l'oncle de Monceau. On délibère sur la cage où il convient de l'enfermer ; et on se décide pour un établissement dont on dit grand bien : la pension Pupier, à Lyon, dans le quartier de la Croix-Rousse.

Troisième image.

Quel chagrin ! Que de larmes ! que de dégoûts ! Tout lui fut sujet de peine ; les maîtres, les surveillants, les élèves, le dortoir, le réfectoire, la cour, le travail, les jeux. Ceux qui ont été, comme lui, brusquement privés de leur liberté, emprisonnés, verrouillés, peuvent seuls comprendre le grand chagrin de ce cœur de dix ans. Il passa la première année vaille que vaille ; mais à la rentrée suivante, averti de ce qui l'attendait, et incapable de s'accoutumer à son sort, il se révolta. Au mois de décembre 1802, l'élève Alphonse de Lamartine, sous prétexte d'aller rechercher sa balle tombée dans la rue, se faufile hors de la pension, se sauve à toutes jambes et prend la clef des champs. Mais à six lieues de Lyon, il est arrêté par un gendarme, qui le ramène à sa prison, les mains liées comme un criminel. Fut-il jamais humiliation pareille ? Que diront les gens de Milly, quand ils apprendront son aventure ? et son grand ami, l'abbé Dumont ? Et ses sœurs ? Et ses parents ?

Quatrième image.

Figurons-nous le récalcitrant, enfin retiré de la pension Pupier, et arrivant pour la rentrée des classes au collège de Belley, chez les Pères Jésuites. Sauront-ils l'apprivoiser?

Ils l'apprivoisèrent. Ils le surveillèrent, mais discrètement; ils le guidèrent d'une main si légère et si experte, qu'il pensait se diriger lui-même; et puisqu'il répugnait à l'aridité et à la sécheresse, ils le conquirent par la douceur. Ce n'était pas le bon élève, l'élève modèle, régulièrement sage et appliqué : mais vif, mais bouillant, mais débordant de sève. Et même il inspirait à ses maîtres quelque appréhension, ainsi qu'en témoigne un de ses bulletins qui nous a été conservé par bonheur. « On loue, disaient les Pères, son esprit, sa facilité d'apprendre, son imagination; mais en même temps l'on se plaint de sa légèreté, de son extrême répugnance à une application sérieuse, et de son goût pour le plaisir. L'on ajoute que la religion qu'il aime, qu'il estime et qu'il pratique, le fait vaincre ses dangereux ennemis; mais que, si elle venait à s'affaiblir dans son cœur, rien ne pourrait le préserver de la corruption. »

Pour lui commencèrent alors de paisible années. Il les traversa sans heurt, au fil des jours. Point d'événements, mais de fortes impressions, qui se gravent. — La vision de la nature alpestre. De longues promenades hors des cours, hors du collège, au flanc des montagnes; la découverte des torrents, des forêts, des cimes, de tout un paysage plus violent et plus riche que celui de Milly : tel est le bienfait que lui valut une santé chancelante, qui exigeait des sorties fréquentes et le grand air. — La révélation de l'amitié. Parmi les camarades au milieu desquels le sort l'a conduit, un choix s'opère; des sympathies secrètes se rencontrent, des groupes se forment ; Alphonse de Lamartine se lie avec Louis de Vignet, avec Prosper Guichard de Bienassis, avec Aymon de Virieu, qui devient comme un second lui-même. On peut bien contracter d'autres amitiés, plus tard, quand on est sorti de collège ; mais déjà le sentiment s'est émoussé, et rien ne vaut la fraîche saveur des affections premières. — De longues séances à la chapelle. Une lampe brûle faiblement au fond du sanctuaire ; une odeur d'encens flotte dans l'air ; il est doux de s'anéantir dans ce grand silence... — Les classes ; et ce jour où, le professeur ayant donné comme sujet *Une matinée de printemps à la campagne*, tous les autres élèves farcirent leur narration de souvenirs classiques ; tandis que Lamartine écrivit bravement : « Le coq chante sur le fumier... », ce qui fit d'abord un grand scandale, et excita ensuite une grande admiration. Et cet autre jour, où le Père apporta sous sa robe un volume d'un auteur contemporain, exalté par les uns, décrié par les autres, qui lui reprochaient son mauvais goût et sa nouveauté même ; et au lieu de traduire Virgile ou Cicéron, le Père se mit à le lire ; et les élèves, entendant s'élever l'écho de la grande voix de Chateaubriand, eurent la sensation d'une beauté inconnue, différente de tous les modèles qu'on leur avait proposés jusqu'à ce jour, majestueuse et passionnée. — Ses premiers vers : une poésie adressée au rossignol, et où il demande à l'oiseau nocturne, comme on disait alors, ce que font ses sœurs, à Milly,

> Et si ma sœur la plus chère,
> En regardant le ruisseau,
> Voit l'image de son frère
> Passer en rêve avec l'eau.

Suivirent un *Cantique sur le torrent de Tuisy, près de Belley* ; et des *Adieux au collège de Belley*, qui marquèrent la fin de sa vie d'écolier.

CHAPITRE II

LES ANNÉES D'APPRENTISSAGE D'ALPHONSE DE LAMARTINE

I

Dix-sept ans : il faut choisir une carrière. Que va-t-on faire de ce « grand diable de Bourgogne », qui est lui-même assez embarrassé de sa personne? Un diplomate? Un soldat?

En cette année 1807, rien ne se fait en France que par la volonté de Napoléon, maître absolu de la paix et de la guerre, maître des hommes. Or, le chevalier de Lamartine déteste Napoléon. Quand Louis XVI s'est trouvé menacé par la Révolution commençante, en 1790, il a couru de Mâcon à Paris, pour se mettre à son service : blessé, emprisonné, il n'a pu s'échapper que par miracle. A peine rentré de Paris à Mâcon, on l'arrête comme suspect, on l'enferme ; et peut-être aurait-il péri sur l'échafaud, sans la chute de Robespierre et la fin du régime de la Terreur. On a le droit d'être bon royaliste, à ce prix-là. Pour lui, Napoléon est l'usurpateur, qui occupe indûment la place du souverain légitime : il ne lui plaît pas que son fils serve l'usurpateur. Entre la diplomatie et l'armée, il ne le presse pas de choisir ; et Alphonse de Lamartine ne choisit pas.

Car il traverse une crise. Il vit à Mâcon, à Milly, à

Saint-Point ; il séjourne tantôt chez ses amis et tantôt chez ses oncles ; on l'installe à Lyon, pour passer les hivers, pour se former à la société, et pour faire son droit, s'il le veut : le droit est le moindre de ses soucis. Sa mère ne sait que penser ; ce grand fils est devenu bien étrange. Quelquefois il a besoin de mouvement, et part pour de longues promenades à cheval, d'où il revient brisé de fatigue. Et quelquefois, étendu sur un canapé, pendant de longues heures il rêve.

Il rêve à la gloire. Oui, c'est vers ce temps-là, c'est pendant ces années en apparence vides, qu'il sent la vocation, l'appel irrésistible qui décidera de sa vie. Il sera poète ; il écrira des vers qui voleront sur les lèvres des hommes ; il deviendra célèbre, et la postérité redira son nom. Il souffre de son oisiveté ; il sent les premières atteintes d'un mal redoutable qui s'appelle l'ennui ; le présent lui pèse. Mais comme demain sera beau !

C'est fort bien dit : seulement, ne devient pas poète qui veut : pour mériter ce beau nom, le jeune Lamartine estime qu'il importe de s'instruire, de s'exercer, d'imiter humblement les grands maîtres. Et dès lors, avec cette vivacité, cette fougue, et aussi ce courage qui sont parmi les traits dominants de son caractère, saisi de la manie d'écrire et de la fureur d'apprendre, il se jette à corps perdu dans le travail.

Il n'est tout à fait heureux qu'au milieu des livres ; quand il va rendre visite à ses amis, la pièce qu'il préfère, c'est la bibliothèque. Sa chambre est encombrée de livres ; bourrées de livres, les poches de ses habits. Il en lit de tous les temps et de tous les pays : ceux surtout qui lui révéleront les secrets de l'art. Aux Grecs, aux Latins, aux Français, il ajoute les étrangers ; car il a appris l'anglais, et un peu d'italien, chemin faisant. Rien ne contente son appétit.

Il écrit. Il emplit des pages et des pages. Il compose, par centaines et par centaines, des vers à la façon du dix-huitième siècle : Lebrun, Parny, et surtout Voltaire, pour lequel il professe l'admiration la plus constante, sont ses modèles. Dur métier! Voici, d'après une lettre à son ami Virieu, l'emploi d'une de ses journées :

Il est fort tard, je suis dans ma cellule où je viens de crayonner une petite scène d'une petite pièce. Je fais bien les vers d'une scène et moins bien toute la scène; je fais passablement quelques scènes, et horriblement mal tout l'ensemble d'un ouvrage. Quelle est la Muse qui préside à l'ensemble, que je l'invoque? Je suis content de ma journée, je la couronne en t'écrivant : ce matin, j'ai traduit de l'anglais et un peu de grec du poème d'Hésiode, *les Travaux et les Jours;* j'ai envoyé à Guichard une petite pièce de petits vers qu'il me demandait pour sa belle; après dîner j'ai appris toute la belle scène entre Agamemnon et Achille, et je la déclame de mon mieux aux murs de ma chambre; tout à l'heure, je viens moi-même d'essayer un fragment de comédie, qui est, à mon avis, bien versifié. Je vais à présent regagner le salon et prendre des gazettes ou un roman pour finir la soirée. Mes yeux s'affaiblissent, j'y vois double. (12 décembre 1810; à Aymon de Virieu.)

Toutes ses lettres de cette époque sont à la fois comiques et touchantes : pleines de la plus naïve pédanterie. Il ne parle ni de sa famille, ni de Mâcon, ni de la France, ni de l'Europe, ni de la paix, ni de la guerre : il parle littérature. Il énumère sagement les livres qu'il a lus, en donnant sur chacun d'eux son avis; il envoie des vers qu'il vient de composer; il critique ceux que ses camarades veulent bien lui soumettre, non sans mêler aux critiques de grands éloges, dont le plus sensible est qu'il voudrait bien avoir écrit lui-même d'aussi jolis morceaux. L'annonce d'un concours académique le fait tressaillir; il fourbit ses armes, se prépare à entrer dans la lutte, et entrevoit l'espoir d'un éclatant succès. Rousseau n'était-il pas un inconnu quand il se

Photo Petit-Mâcon.

LAMARTINE A HUIT ANS

prit à concourir pour l'Académie de Dijon, et n'est-il pas devenu célèbre du jour au lendemain? Que l'Académie de Besançon propose comme sujet *La querelle des ducs de Bourgogne et d'Orléans*, que l'Académie de Niort demande un poème sur *Tobie*, que l'Académie de Vaucluse offre une médaille à qui louera le mieux Pétrarque, toujours il est prêt. Sous quelle bannière? Sous la bannière de La Harpe et de Boileau.

Certes, il apprend beaucoup : ces vastes lectures enrichissent son vocabulaire ; ces multiples exercices forment son style ; ces vers lui servent de gammes : de sorte que la prodigieuse facilité dont il fera preuve, lorsqu'il composera des poésies enfin dignes de lui, sera le résultat d'une longue patience. Il apprend beaucoup : mais ce qu'il ignore, c'est l'essentiel.

Il ignore qu'il est bon de faire sa rhétorique, mais qu'il est mauvais de la recommencer indéfiniment ; qu'il est bon d'admirer les grands modèles, mauvais de les calquer ; et dangereux de confondre les procédés et les recettes avec l'art. Il ignore que seuls comptent les accents nouveaux, libres et sincères ; qu'il faut oser rompre avec le passé, pour s'affirmer soi-même. Il ignore que pour être poète, la première condition est d'avoir quelque chose à dire.

Il n'a rien à dire, en vérité ; seulement ce qu'il a lu dans les livres. L'expérience lui manque ; il ne connaît rien de la vie, pas même la douleur. Il se croit blasé, et il est encore puéril. Sourions en voyant de quelle manière sa haute sagesse s'exprime sur le compte des jeunes filles — à dix-huit ans :

Es-tu toujours un peu épris? Pour moi, mon cher ami, je te le dis dans la jubilation, je ne suis pas encore amoureux, ni un peu ni beaucoup. Je suis libre et je désire l'être toujours. Mais qu'arrivera-t-il? Je n'en sais rien. Jusqu'à présent, je ne crois rien de digne d'une passion, rien que de petites effrontées, impudentes, coquettes, rien que de petites ignorantes, imbéciles, malignes, médisantes, laides, et je crois que je me suis formé une idée de perfection que je ne trouverai jamais (29 octobre 1808 ; à Prosper Guichard de Bienassis).

Au reste, il n'est pas moins désabusé sur le compte des jeunes gens ; et tout finit en littérature :

Malheur si tu viens à rencontrer une ombre de beauté et de perfection, car je crois sincèrement qu'on n'en trouve plus que des ombres, et que tout le reste est dans l'imagination des poètes. Et dans le cœur des jeunes gens, il n'y a plus d'amour véritable : ce n'est plus qu'un tissu de coquetteries et de ruses de part et d'autre. C'est ce qui me désole, et ce qui te désolera comme moi. Aussi je veux faire par belle vengeance une pièce là-dessus (28 novembre 1808).

La vie lui donnera d'autres motifs de désolation, et d'autres sujets de pièces : non sans quelques détours, dont le premier le conduisit à Naples, où nous allons le suivre maintenant.

II

Sa famille avait un médecin, qui s'appelait Pommier ; et ce médecin avait une fille, qui s'appelait Henriette : laquelle formait sans doute une éclatante exception à l'universelle malignité, puisque Lamartine s'éprit d'elle au point qu'il voulut l'épouser instantanément. On jugea que le mariage était prématuré pour un si jeune homme, qui, après tout, n'avait pas de métier ; et comme diversion, on l'expédia en Italie. Justement, une cousine de Mme de Lamartine devait se rendre à Livourne ; elle voulut bien s'adjoindre cet inflammable parent. Celui-ci, après un grand moment de désespoir, essuya ses yeux, et se mit à regarder autour de lui, assez joyeusement.

D'abord il voyait mal, embarrassé de trop de préjugés, chargé de trop de lectures, trop occupé à retrouver ce que les livres lui avaient appris. En outre, il s'était acheté un carnet, pour prendre des notes ; il en prenait trop, il en prenait trop vite, avant d'attendre l'impression profonde et l'impression vraie. Au lieu de se laisser aller à son plaisir, il s'imposait un travail, une besogne quotidienne, et il avait sans cesse son crayon à la main. Mais peu à peu, il fallut bien qu'il se détendît. Les aventures du voyage, et cette douce nature, et cet éclatant soleil, réclamèrent son attention : si bien qu'il ne songea plus à écrire, et se mit à vivre, tout simplement.

La cousine Haste, le cousin Haste son mari, et Alphonse de Lamartine, âgé de vingt et un ans, partent dans les derniers jours de juillet 1811, et commencent leur voyage par Chambéry, afin de rendre hommage au souvenir de Jean-Jacques Rousseau. Puis ils traversent les Alpes, et Lamartine prend quelques notes sur son carnet ; à Turin, il s'exclame sur la beauté de la ville, parce qu'elle est régulièrement bâtie ; à Milan, il fait les habituelles remarques sur le manque d'originalité des maisons et des rues, et sur la splendeur de la cathédrale ; et comme tous ceux qui n'ont pas grand' chose à dire, il note : « Il faudrait des volumes pour décrire les chefs-d'œuvre qui la décorent en dehors et au dedans. » On lui a dit que tout le monde parlait français en Italie ; il a pris l'expression au pied de la lettre, d'où il s'étonne d'être obligé de parler italien aux voituriers et aux garçons d'auberge. On lui a dit encore que l'Italie moderne ne comptait pas, que seuls, le Palatin, le Forum et les ruines antiques, méritaient quelque considération : aussi fait-il le dédaigneux pour les vivants, et ne s'intéresse-t-il qu'aux morts.

On passe par Bologne (« il faudra que nous venions

faire des cours ici un de ces hivers ») ; on traverse Parme, Plaisance, Modène, Florence; on arrive à Livourne, but de l'expédition : après quoi Lamartine, livré à ses propres forces, prend la route de Rome. Le carnet de notes, dont le ton est pompeux, ainsi qu'il convient aux abords de la Ville éternelle, enregistre bientôt la désillusion du voyageur. Où est la Rome antique? Le Capitole — ce n'est que cela? Ni château, ni temples, ni roche tarpéienne? Nous voilà tout à fait déçus...

La vérité, c'est que demeuré seul, il commença par s'ennuyer à mourir. Il ne s'ennuya plus du tout, dès qu'il eut fait la connaissance de quelques Romains et de quelques Romaines. Mais c'est à Naples, où il arriva vers la fin de 1811, que le miracle se produisit.

Décembre. A Milly, c'est la tristesse de l'hiver; le ciel gris semble s'abaisser vers la terre ; des vols de corbeaux passent au-dessus des champs couverts de neige. A Naples, tout est joie, éclat, lumière. Le golfe resplendit sous la caresse du soleil; on respire la joie de vivre dans l'air attiédi. Admirant ces merveilles, la mer câline, les bois d'orangers et de citronniers qui viennent croître jusque sur le rivage, les blanches villas, le ciel bleu comme dans les romances, et tant de fleurs, et tant d'effluves, le voyageur qui arrive des pays du Nord se sent envahi par un trouble inconnu. Il lui paraît que les conditions de l'existence sont changées; qu'il n'a plus à résister, à lutter, à tendre son énergie ; et qu'il lui suffit, pour être heureux, de prendre part à la grande fête de la nature. Il perd le goût de l'activité; il se prend à aimer la flânerie, les longues paresses, et le nonchaloir. Il comprend, il envie le lazzarone, qui s'arrête de travailler dès qu'il a gagné de quoi s'acheter du macaroni ou des oranges, et dont le plus grand souci est de dormir la tête à l'ombre et les pieds au soleil.

Ainsi fut-il de Lamartine. A Naples, il ne se soucie

plus de rhétorique ; à Naples, il désapprend ; à Naples, il se laisse aller au délice de vivre sans effort. Cette plante un peu bien sauvage, transportée sous ce doux climat, s'alanguit ; cette nature ardente brûle d'un feu plus tendre. D'une plume qui devient tout d'un coup plus habile, parce qu'il est lui-même plus sincère, il donne les raisons de son émerveillement : « Naples n'est pas riche en monuments des arts ; elle doit tout à la nature et n'en est que plus admirable. Là, j'ai pris une idée de toute la richesse, de toute la beauté de cette nature. Là, j'ai vu des paysages dont rien ne peut donner une idée dans aucun autre pays du monde. Ni la France, ni la Suisse, ni les plus belles montagnes des Alpes ne sont, au lever du soleil, enveloppées d'une vapeur dorée, qui adoucit et qui colore tous les objets. J'ai vu par une belle journée une pluie de lumière environner les montagnes de Pausilippe et de Salerne... Vers le milieu du jour, la teinte devient plus argentée ; et le soir, elle redevient couleur d'or. »

Aymon de Virieu vint le rejoindre. Ensemble ils visitèrent le tombeau de Virgile, et Castellamare, et Portici ; ensemble ils montèrent dans les barques capricieuses qui sillonnent l'azur méditerranéen ; ensemble ils abordèrent à Capri, à Procida, à Ischia : à Ischia, qui leur apparaissait « nageant dans la lumière, sortant de la mer, se perdant dans le bleu du ciel, et éclose comme d'un rêve de poète pendant le léger sommeil d'une nuit d'été. » Ensemble ils écoutèrent les mélancoliques chansons napolitaines, qui répètent sans se lasser le temps fugitif et l'amour éphémère, et qui, le soir venu, jaillissent vers le ciel pour retomber en ondes sonores sur les eaux du golfe nocturne ; ils se mêlèrent à la foule pittoresque qui grouille sur le port, sur les places ensoleillées, dans les rues bruyantes, dans les théâtres, dans les églises ; ils savourèrent les glaces et les sorbets que l'on fabrique avec la neige apportée des montagnes voisines. L'amitié vint renforcer, de tous ses charmes, la puissance de leur enchantement.

Et l'amour aussi fut de la partie. Lamartine oublia Henriette Pommier, ainsi que ses parents l'avaient souhaité ; mais ce à quoi ils n'avaient pas songé, il s'éprit d'une Napolitaine, de Graziella. Nous ne savons pas au juste quelle réalité se cache sous ce doux nom ; il n'a raconté l'histoire que beaucoup plus tard, en la romançant de telle sorte qu'il est bien difficile d'y découvrir la vérité. C'était, semble-t-il, une fille du peuple ; une cigarière ; peut-être même une femme de chambre, au service d'un parent de Lamartine, Dareste de la Chavanne, qui dirigeait à Naples la manufacture des tabacs, au temps de la domination napoléonienne. Quelle qu'ait été Graziella, il conserva d'elle un tendre et mélancolique souvenir, prolongé dans son œuvre en longues ondulations.

III

Il ne devait rester à Naples que quelques jours : il y demeura quatre mois. Rentré enfin à Milly, et faute de mieux, il se remet à la conquête de la gloire : toujours par un mauvais chemin. Il ne se contente pas de préparer quatre petits livres d'élégies ; il veut maintenant aborder les grands genres, ceux qui viennent en tête dans les *Arts poétiques*, et prennent le pas sur tous les autres : l'épopée ; la tragédie. Sera-ce un *Clovis*, beau comme la *Jérusalem délivrée* du Tasse ? Sera-ce un *Saül*, inspiré d'Alfieri ? Ce sera un chef-d'œuvre, assurément.

Il est là, dans son pays, dans sa chambre, avec ses livres ; si occupé de son travail, qu'on le croirait insensible, n'étaient des souvenirs nostalgiques qui viennent le troubler, et une agitation fébrile dont il n'est pas toujours le maître; il est là, courbé sur son papier, polissant ses vers, et comme retranché du monde, lorsqu'enfin arrive à ses oreilles le bruit qui retentit dans la France entière, qui parcourt les villes et les villages et les hameaux et les campagnes : Napoléon, Napoléon l'Empereur est vaincu; Napoléon abdique, et part pour l'exil. Alors le chevalier de Lamartine se redresse et se réjouit : la place de son fils est au service du roi de France; qu'il parte, qu'il se rende à Paris, qu'il figure parmi les gardes du corps du souverain légitime!

Mais quoi? Le nouveau garde du corps est mal à l'aise dans son bel uniforme; il ne sent pas poindre en lui la vocation militaire. La bizarre aventure que devenir soldat, juste au moment où on a décidé qu'on ne se battra plus! On l'a envoyé en garnison à Beauvais : jamais ville ne lui sembla plus maussade, ni métier plus plat. L'instruction, l'exercice, le maniement d'armes, comment prendre intérêt à tout cela? Faut-il tant de cérémonies pour enfourcher un cheval, ou pour se servir d'un fusil? Quand on a dans son caractère une forte dose d'indépendance; qu'on a toujours vécu parfaitement libre, et, pour tout dire, gâté; qu'on a mené l'existence du lazzarone à Naples, et qu'à Milly, on n'a connu d'autre loi que son bon plaisir, il est désagréable de se soumettre à des chefs, d'obéir à un règlement, d'être tyrannisé par les heures et par les minutes, et de devenir enfin une « machine militaire. » Tandis qu'il médite ces pensées, discrètement le garde du corps sort du quartier, et prend le chemin des champs. Il a découvert, assez loin de la ville, un petit sentier ombragé, qui le conduit au milieu de vignes parsemées de cerisiers; il se couche sous leur ombre fraîche et épaisse; il ôte son épée et ses bottes, dont l'une lui sert de pupitre et l'autre d'oreiller; et il se met à faire des vers. (A Aymon de Virieu; Beauvais, 3 août 1814).

Tout d'un coup, on apprend que Napoléon a quitté l'île d'Elbe ; qu'il a débarqué en France ; que les troupes envoyées pour le combattre se sont jointes à lui ; et qu'il est rentré dans Paris. Sa Majesté Louis XVIII s'enfuit à Gand. Alphonse de Lamartine le suit bien jusqu'à Béthune ; mais il estime que ce serait commettre une grande faute que de recommencer l'émigration ; et il rentre à Milly.

Ces temps sont décidément bien troublés : vicissitude après vicissitude. Napoléon va engager la lutte suprême ; il a besoin de troupes, et enrôle tous les jeunes gens sans leur demander leurs opinions politiques ; la conscription serait fort capable de saisir le garde du corps des armées du roi pour l'enrôler bon gré mal gré dans les armées impériales. La prudence veut qu'il disparaisse : il gagne la Suisse par le Jura. En théorie, il va rejoindre une armée qui est en formation sur les bords du lac de Genève, et qui bientôt envahira la France, pour chasser à nouveau l'usurpateur : mais comme cette armée n'existe que dans l'imagination des royalistes fidèles, il ne s'obstine pas à la chercher, et il passe son temps sur les rives du lac, ramant, lisant, rêvant, tenant compagnie à la fille du batelier chez lequel il est logé, et à son chien.

Waterloo Cette fois c'en est fait ; Napoléon est tombé pour la deuxième fois ; et on l'a relégué si loin, si loin dans l'Océan, u'il faudra bien qu'il meure sans revoir la France. Lamartine quitte sa retraite, et rentre à Mâcon, à Milly. Mais il n'y trouve pas le repos, car sa santé est chancelante ; et davantage, son âme est inquiète. Un « vague désir d'amour et de bonheur le tourmente ». — « Que faire? où me jeter, où fuir pour éviter ce cruel ennui qui me ronge? »

CHAPITRE III

DE LA DOULEUR A LA POÉSIE : « LES MÉDITATIONS »

Voici : son âme est vide d'affection profonde, et il en souffre. D'autre part, il veut être poète ; et il écrit d'innombrables vers. Mais il manque d'inspiration sincère : il ne fait guère qu'imiter la manière de ses devanciers, de ses contemporains. Sa mémoire est abondamment nourrie ; il possède beaucoup d'habileté technique, beaucoup d'élégance. Une seule chose lui fait défaut : et c'est la poésie.

Or, il y avait à Paris, vers ce temps-là, « une jeune femme au front pâle, à l'air mélancolique, à la démarche lente et molle », qui se mourait de consomption. Elle devait à son origine créole une grâce alanguie ; de grands yeux noirs illuminaient son visage au teint mat. Elle s'appelait Mme Charles ; Julie Bouchaud des Hérettes, de son nom de jeune fille. Comme son état allait toujours empirant, les médecins lui conseillèrent d'aller prendre les eaux d'Aix, qui guérissaient quelquefois. Elle partit de Paris au mois de juin 1816 ; et arrivée à Aix-les-Bains, elle descendit à la pension Chabert.

Lamartine souffrait de multiples maux : rhumatismes, fréquents accès de fièvre, crises de foie. Les médecins de Mâcon lui conseillèrent d'aller prendre les eaux d'Aix. Il partit au mois d'août 1816 ; et arrivé à Aix-les-Bains, il descendit à la pension Chabert.

« Ils se rencontrèrent, ils s'aimèrent » : dans ces

mots écrits par Lamartine sur un carnet appartenant à Julie, toute leur histoire peut tenir.

Comme leur vie fut changée, lorsqu'ils s'aperçurent que leurs cœurs allaient l'un vers l'autre ! Elle oublia son mal. Et pour lui, la solitude, l'attente, la mélancolie, l'ennui, tous les maux qu'il traînait disparurent du coup. Le monde lointain, dont les échos arrivaient à peine jusqu'aux bords du beau lac qui offrait à leurs promenades ses routes transparentes et fluides, n'était plus qu'un souvenir : il n'y avait sur la terre que Julie, et Alphonse de Lamartine. Le décor leur semblait fait exprès pour eux : et à vrai dire, ce n'était plus un décor : les coteaux riants et les montagnes altières, les bois, les eaux, tout vivait, tout s'attendrissait, tout palpitait à l'unisson. Leur chère vallée d'Aix, attentive, n'était plus que le jardin enchanté de leur rêve.

Seulement, tandis qu'ils parlaient d'un amour éternel, tombaient les premières feuilles mortes. Déjà venait l'hiver, cruel aux poitrines malades. Elle partit pour Paris au début de novembre ; il l'accompagna sur la route, aussi loin qu'il put.

Rentré chez lui, il n'eut qu'une pensée : se rendre à Paris, pour la revoir. Il recourut à Virieu, qui, de Paris, lui écrivit une lettre faite exprès pour être montrée : qu'il fallait qu'il vînt au plus tôt ; qu'il lui était indispensable de se présenter en personne dans les ministères, s'il voulait obtenir quelque place ; que de son voyage, tout son avenir dépendait. Convaincus, ses parents le laissèrent partir.

Il arriva ; il la revit. Mais c'est ici le point où la réalité commence à prendre ses droits. Ils devaient compter avec le monde, désormais ; ils devaient compter avec eux-mêmes. Cet accord absolu et continu des âmes, qu'ils avaient connu, là-bas, quand leurs jours s'écoulaient oublieux et heureux, risqua d'être bientôt troublé. Julie n'était point parfaite ; il y avait en Lamartine de l'enfant gâté. Il la blessa. Ce n'étaient pas deux créatures angéliques, mais deux êtres humains qui se faisaient souffrir. Dure et nécessaire expérience, qu'ils accomplissaient à leurs dépens : appels qui ne se rencontrent pas, malentendus qui se prolongent, souvenirs qu'on croyait morts et qui viennent troubler le présent, et toutes nos misères. Cependant ils n'en étaient que plus chers l'un à l'autre ; et quand Lamartine dut enfin quitter Paris pour rentrer dans sa famille, inquiète et déçue, ce lui fut un déchirement.

Au moins devaient-ils se retrouver, lorsque reviendrait l'automne, dans leur beau domaine, dans leur vallée d'Aix. Il s'y rendit pour l'attendre. Comme elle tardait ! Arriverait-elle enfin? — Mais non ; elle ne venait pas ; et il savait bien pourquoi elle ne venait pas. Elle se mourait, et elle l'appelait, et il ne pouvait la rejoindre. Il l'attendait cependant. La douleur, peu à peu, s'emparait de son être, avec toutes ses puissances ; succédant à cette exaltation qui lui avait permis, pour un temps, de se soustraire au réel, la douleur travaillait son âme, et lui arrachait des plaintes qui allaient se transformer en poésie. Il retournait aux endroits qu'ils avaient parcourus ensemble, reprenait les mêmes routes, montait dans la même barque pour sillonner le lac. C'est ainsi qu'au mois de septembre 1817, l'appelant en vain, évoquant les heures écoulées, suppliant la nature de garder au moins le souvenir de leur passage éphémère, il écrivit la pièce qu'il intitula d'abord *Ode au lac du Bourget*, et plus tard, *le Lac*.

Julie s'éteignait. Elle mourut sans l'avoir revu, le 18 décembre 1817.

Il pensa mourir lui-même, et passa l'année qui suivit dans l'état le plus douloureux. Il souffrait jusque dans son corps, miné par le chagrin. La compagnie des humains lui était odieuse, au point qu'il se refusait à se confier à qui que ce fût, même à sa mère. Celle-ci nous le dépeint, dans une lettre qui date du mois d'août 1818, « calme, mais triste ; plus que jamais vivant dans les livres, et quelquefois écrivant des vers qu'il ne montre jamais... On dirait aussi qu'il est abattu par quelque chagrin secret qu'il ne dit pas, mais que je crains d'entrevoir. Il n'est pas naturel qu'un jeune homme de cette imagination et de cet âge se confine aussi absolument dans la solitude ; il faut qu'il ait perdu ou par la mort ou autrement je ne sais quel objet qui cause sa mélancolie si profonde... » Il finit bien par les montrer, ces vers nés de ses larmes ; il les publia au mois de mars 1820, sous le nom de *Méditations poétiques*, et sous la forme d'un très mince volume, qui contenait vingt-quatre pièces en tout.

Alors entra dans sa vie, avec tout son bruit et tout son éclat, la gloire. Elle arriva brusquement, dépassant toute espérance, plus belle que dans tous les songes. Elle porta son nom d'un bout de la France à l'autre, puis le fit résonner dans l'Europe entière. Les femmes pleurèrent en lisant ses vers ; en les lisant, même les plus sceptiques et les plus indifférents des hommes se sentirent émus. Les libraires multiplièrent les éditions, qui n'arrivaient pas à satisfaire la curiosité du public ; les contrefacteurs se hâtèrent d'en produire d'autres ; on en voulut de belles et de parées, comme étant plus dignes de leur contenu. L'attention universelle entoura l'auteur, importune et délicieuse ; ce fut à qui voulut le voir, les ministres, le roi, qui tint à lui manifester son enthousiasme. Tant il y eut d'émotion à cette grande nouvelle : la poésie est ressuscitée.

S'il y avait un endroit d'où elle était spécialement bannie, c'étaient les vers. Lamartine lui-même s'y était trompé, durant les années de sa jeunesse. Mais maintenant, sans se soucier des modèles et des maîtres, il laissait jaillir les sentiments tumultueux dont son âme était agitée : et la poésie jaillissait avec eux, comme d'une source enfin révélée. Certes, on retrouvait dans ses vers quelques formules déjà connues, et un certain vocabulaire qui semblait inséparable de l'expression poétique ; il ne disait pas les eaux, mais les ondes ; non pas le soleil, mais l'astre du jour ; non pas l'église, mais le temple : ainsi de suite. A entendre ces mots qui appartenaient traditionnellement au style noble, le public était en quelque manière rassuré ; au moins n'était-il pas déconcerté, brutalisé pour ainsi dire, par des nouveautés excessives dans la forme. Et cependant, ces vers n'étaient pas semblables à ceux des autres poètes ; ils étaient inspirés par le cœur, et c'est le cœur qu'ils touchaient. Ils étaient animés d'une vibration qui se communiquait non pas seulement à l'intelligence, mais à l'imagination, mais à la sensibilité. Ils ne décrivaient pas, ils émouvaient. Même leur musique participait à cette vie secrète ; non plus brutale, non plus mécanique, comme elle était chez les versificateurs qui passaient alors pour des poètes, mais fluide, aérienne, éthérée, provoquant les résonances les plus délicates et les plus subtiles ; émouvante dans sa ferme douceur.

Un paysage très simple et doucement estompé : des bois jaunissants, un fleuve qui serpente, un vallon, un clocher rustique. Au milieu de ce paysage et en harmonie parfaite avec lui, un poète qui souffre et qui pleure. Il aimait ; la mort lui a enlevé son Elvire : se peut-il que tant de douleur entre dans un cœur mortel ? qu'il y ait au ciel des destins si farouches ? que la nature, qui nous invite et qui nous aime, se refuse pourtant à garder même la trace de notre fugitif bonheur ? Alors il gémit ; et le vent du soir emporte ses plaintes. Or ces peines, et ces affres, et ces débats, ne sont point jeux de rhétorique, puisque aux pieds du poète méditant, on voit une tombe à peine refermée ; de sorte que les questions qu'il se pose sur la vie, sur la mort, sur l'au-delà, ne sont pas seulement philosophiques, mais pathétiques ; et que sa méditation n'est pas froide et abstraite, mais poétique et passionnée. C'est de lui-même qu'il parle ; et l'exaltation de ses sentiments personnels est de telle nature, que ses accents en acquièrent une intensité encore inouïe. Mais en même temps, il interprète les angoisses de tous les hommes : aussi tous les hommes se retrouvent-ils en lui.

Écoutons-le de plus près. De fermes, de viriles pensées ne se mêlent-elles pas à sa douleur ? Il est tenté de se laisser aller au désespoir, de conclure au néant de toutes choses, et même de blasphémer. Mais il se reprend, car sa nature n'est pas de s'abandonner sans remède ; et aspirant à une autre vie, où les âmes se retrouvent après qu'elles sont séparées des corps, il veut croire, il croit en une justice, en une bonté célestes. Oui, une Providence préside au cours des événements humains ; les coups qui paraissent les plus cruels à notre raison bornée ne sont que des épreuves qui se résoudront en harmonies divines, dans l'au-delà. Voilà ce qu'affirme une voix qui peu à peu se rassérène, même si elle est incapable de retenir encore quelques sanglots.

Aussi faut-il avoir soin de donner au mot *lamartinien*, qui a pris droit de cité dans notre langue pour désigner une qualité d'âme rare et nouvelle, la plénitude de son sens. Une instinctive noblesse, une sensibilité profonde qui ne jaillit qu'épurée et filtrée, une imagination qui épand sur toutes choses sa douce teinte mélancolique, une complaisance délicate à se bercer de plaintes, un art presque immatériel : ce sont là, certes, quelques-unes des données qu'il implique. Mais nous n'aurons pas épuisé son contenu, si nous n'ajoutons à ces nuances complexes une idée d'élasticité et même de robustesse. Lamartine s'isole dans sa douleur :

Je contemple la terre ainsi qu'une ombre errante ;
Le soleil des vivants n'échauffe plus les morts.

(L'Isolement.)

Désabusé de la vie, il n'aspire plus qu'à l'anéantissement :

Mon cœur, lassé de tout, même de l'espérance,
N'ira plus de ses vœux importuner le sort ;
Prêtez-moi seulement, vallons de mon enfance,
Un asile d'un jour pour attendre la mort.

(Le Vallon.)

Mais elle est capable aussi d'actes de foi, cette âme volontiers dolente. Elle ne fait pas que gémir ; elle affirme, avec une énergie, avec un emportement qui manifestent sa vitalité profonde :

Pour moi, quand je verrais dans les célestes plaines
Les astres s'écartant de leurs routes certaines
Dans les champs de l'éther l'un par l'autre heurtés
Parcourir au hasard les cieux épouvantés ;
Quand j'entendrais gémir et se briser la terre ;
Quand je verrais son globe errant et solitaire
Flottant loin des soleils, pleurant l'homme détruit,
Se perdre dans les champs de l'éternelle nuit ;
Et quand, dernier témoin de ces scènes funèbres,
Entouré du chaos, de la mort, des ténèbres,
Seul, je serais debout : seul, malgré mon effroi,
Être infaillible et bon, j'espérerais en toi,
Et certain du retour de l'éternelle aurore,
Sur les mondes détruits je t'attendrais encore !

(L'Immortalité.)

Elle cherche un appui très haut : mais enfin, elle cherche un appui. Loin de vouloir entraîner tout l'univers dans sa désespérance, elle aspire à une sécurité consolante, et elle affirme sa confiance dans l'éternelle justice. Bien plus ! au milieu même de ses adieux à la vie, elle s'arrête pour se demander si vraiment tout n'est qu'amertume dans notre existence mortelle, qui contient peut-être, qui sait? quelque possibilité de bonheur :

Ainsi, prêt à quitter l'horizon de la vie,
Pleurant de mes longs jours l'espoir évanoui,
Je me retourne encore, et d'un regard d'envie
Je contemple ses biens dont je n'ai pas joui !

Terre, soleil, vallons, belle et douce nature,
Je vous dois une larme aux bords de mon tombeau ;
L'air est si parfumé ! la lumière est si pure !
Aux regards d'un mourant le soleil est si beau !

Je voudrais maintenant vider jusqu'à la lie
Ce calice mêlé de nectar et de fiel !
Au fond de cette coupe où je buvais la vie,
Peut-être restait-il une goutte de miel?

Peut-être l'avenir me gardait-il encore
Un retour de bonheur dont l'espoir est perdu?
Peut-être dans la foule une âme que j'ignore
Aurait compris mon âme et m'aurait répondu?

(L'Automne.)

Longtemps on n'a trouvé dans les *Méditations* que ce qu'on y cherchait : des larmes. Qu'il nous soit permis d'entendre aujourd'hui, à travers les plaintes, des demandes, des appels, et déjà des paroles de confiance et d'espoir. Car il y a dans ces poésies, non seulement l'expression douloureuse des maux d'un cœur blessé, mais un goût de la vie qui se trahit comme malgré lui, et un optimisme final qui s'affirme avec vigueur : qualités lamartiniennes, dès maintenant sensibles, et qui se manifesteront, toujours plus fortes, dans les œuvres qui suivront.

C'est ainsi qu'en la trentième année de son âge, et non pas sans avoir été mûri par l'épreuve, Lamartine atteignit cette haute cime : la poésie. Mais il n'est pas de ceux que lasse leur premier effort : au contraire, il y a dans sa vie un principe d'ascension qui ne cesse pas de le pousser de conquête en conquête. La plupart des hommes s'arrêtent dès qu'ils ont gravi les pentes faciles; souvent même ils déclinent, et le lieu de leur sépulture est plus bas que celui de leur berceau. Lamartine ne se fixe pas à l'étape où il est désormais parvenu, et qui contenterait des âmes moins noblement inquiètes. Il estime que le poète ne doit pas se borner à chantre la passion; il variera son chant, pour l'élever encore : bientôt même il se demandera s'il n'existe pas une fonction plus utile aux hommes que celle de l'écrivain ; et si les plus beaux vers valent l'action.

CHAPITRE IV

LE DIPLOMATE GRAND SEIGNEUR

I

Sans foyer, sans famille, on a l'air d'une épave, et on se sent prêt à céder à tous les courants. Encastré dans l'ordre social, au contraire, on est solide Et dès lors, non point par caprice, mais par raison, Lamartine veut se marier : après la tempête, le port. Au mois de juin 1820, il épouse une Anglaise, qu'il estime pour la loyauté et pour la sécurité de son caractère. Marianne Elisa Birch n'éta t pas belle ; mais e le fut si discrètement, si fidèlement bonne, qu'il trouva dans le mariage ce contentement intérieur, cette paix de l'âme qu'il souhaitait ; et elle l'aima tant, qu'il finit lui-même par l'aimer.

Il demande un emploi : d'abord, pour les mêmes raisons morales, et suivant la même volonté, très arrêtée, de prendre place dans un ordre établi ; et ensuite parce qu'il n'est pas riche. Son père lui a donné Saint-Point, mais avec la charge de payer une rente à ses sœurs : les revenus du domaine, et ceux de la dot de sa femme, ont peine à suffire à ses besoins, de sorte que l'appoint d'un traitement régulier sera le très bien venu. Comment le Ministère des affaires étrangères, qu'il sollicite, n'accorderait-il pas au poète des *Méditations* un poste de choix ? On le nomme secrétaire d'ambassade à Naples : rien ne pouvait mieux lui convenir.

Marié, fixé, il s'accorde une trêve heureuse ; il appelle à lui la santé, la sérénité. Naples, pays de « la volupté des yeux » et du « divin climat » ; « ces délicieux rivages de la Campanie, où l'on ne s'attend à trouver que des délices, du repos, et des chants », vont l'accueillir dans leur asile de douceur.

Vite, il se procure une agréable résidence d'hiver, sur les bords du golfe : d'un côté la mer ; et de l'autre, des champs de figuiers et d'orangers qui s'étendent jusqu'au Pausilippe. Mais il lui faut aussi une résidence d'été : et donc, il s'installe dans l'île d'Ischia, où il lui semble entrer de plain-pied dans la félicité. « C'est le chef-d'œuvre de la baie de Naples, de l'Italie, du monde ; c'est le séjour complet, rêvé si souvent par nous et reconnu si souvent en détail, ici ou là ; mais ici, c'est lui tout entier... » (D'Ischia, 9 octobre 1820.) S'éveiller au milieu de la verdure qui abrite la blanche villa, au flanc du coteau ; saisir d'un regard le bleu profond de la Méditerranée ; errer sur le rivage ou à l'ombre des bois ; guider une barque sensible comme un cheval de race ; se laisser caresser par l'air attiédi du soir, et dîner sous le portique qu'éclairent vaguement les flammes du Vésuve : peut-on rêver délices plus pures et plus complet apaisement ?

Un autre oublierait tout pour cette vie de songe : non point Lamartine. Il peut bien céder, pour quelques mois, à la mollesse et à l'engourdissement : mais le moment vient où il se réveille. Il échappe à ces prises ; il décide de quitter Naples : il part, il est parti.

Comptons avec sa sensibilité toujours vivace, qu'aucun sortilège ne réussit à endormir. Toutes ses impressions sont extrêmes : est-il malade ? il agonise. Est-il las ? la fatigue l'anéantit. Son inspiration poétique se montre-t-elle moins complaisante ? son génie est épuisé, et ne produira plus rien. Ses joies et ses peines sont décuplées, surtout ses peines. Hier, l'air de Naples était salutaire à ses maux : aujourd'hui, il est poison.

Comptons davantage encore avec l'obscur besoin d'activité qui le travaille. A Naples, l'ambassadeur de France accomplit à lui seul toute la besogne et réduit le rôle du secrétaire à celui d'un paresseux de bonne compagnie. Lorsque ce diplomate trop zélé part en congé, il est remplacé par un chargé d'affaires très amical sans doute, mais qui veut donner des ordres à Lamartine débutant, et s'avise même de corriger la rédaction de ses dépêches : voilà qui lui déplaît fort. Agir en sous-ordre, petitement, mesquinement, n'est pas son fait.

S'il est inquiet malgré sa volonté d'être calme, instable malgré son désir de mener une existence équilibrée, et s'il part au moment même où il commençait à se fixer, ce n'est pas qu'il soit dominé par son humeur capricieuse, ou qu'il cède à une manie d'agitation. La conscience de forces inemployées, une surabondance de vie, le pressentiment d'une vocation encore mal définie que le temps seul peut rendre plus claire et plus c rtaine, contribuent pour leur part à l'arracher au charme napolitain. Et pendant toutes les années qui vont suivre, il sentira de même l'action du dieu intérieur qui le pousse obscurément vers d'autres destins.

Dès janvier 1821, il est à Rome, où Mme de Lamartine lui donne un fils qu'on fait baptiser dans l'église Saint-Pierre. Bientôt il lui faut la France et l'air de ses campagnes mâconnaises. Il s'arrête à Aix en Savoie, où il est, suivant les jours, très malheureux, parce que sa femme est souffrante, et qu'il est lui-même miné par la fièvre, tourmenté par la goutte et par les névralgies ; ou très heureux, parce qu'il fait de longues promenades à cheval, retrouve des amis, compose des vers, et constate la paix intérieure, l'affection stable, la grande félicité intime dont il jouit. Il retrouve enfin sa maison natale ; et son fief, Saint-Point.

II

A Saint-Point, nouvelle tentative pour jeter l'ancre. Rien ne le trouble : ni raison d'inquiétude, ni prétexte ; même le tracas léger d'un métier facile, même l'effort d'accommodation qu'exige la vie à l'étranger, même le souci d'entretenir aimablement des relations mondaines, lui sont épargnés : il est de loisir, il est son maître, il est chez lui.

Contentons-nous de notre sort, dit-il ; et puisque propriétaires nous sommes, goûtons les délices et même les ennuis de la propriété. Laissons l'Europe à ses destinées : régnons sur les pressoirs de la Bourgogne et sur les écuries du Charolais. Il n'est de sagesse qu'aux champs.

Quel beau jouet que Saint-Point ! La bâtisse est vieille, trapue, solide ; elle n'est plus à la mode du jour : nous la moderniserons. Nous démolirons des murs, et nous en reconstruirons d'autres. Nous ferons venir des meubles de Paris ; nous essaierons l'effet de tentures nouvelles ; nous accrocherons des tableaux. Mais notre sollicitude ne s'arrêtera pas à la seule demeure. Et d'abord, le parc : nous mettrons des plates-bandes là où il y avait des allées, des fleurs à la place des arbres, et des arbres à la place des fleurs. Ensuite, les alentours. Nous nous occuperons des champs : nous arracherons les blés pour planter des vignes, qui deviendront à la fois notre gloire et notre souci. Nous nous occuperons des fermiers : nous ferons des baux pour les résilier. La table, toujours abondamment fournie de poisson, de gibier, de fruits, sera grande ouverte aux amis du voisinage aussi bien qu'aux hôtes lointains. Dans les écuries piafferont des chevaux de race qui n'auront de rivaux dans le cœur de leur maître que la meute des lévriers blancs. Sur les pelouses, des paons orgueilleux feront la roue...

Voilà, disent les paysans, un maître qui aime la terre, et qui la connaît. On voit bien qu'il est du pays. Il n'est pas fier, au moins ; il ne détourne pas la tête quand on le rencontre ; il serre la main des gens ; et même il entre dans les maisons, pour demander un morceau de fromage et un coup de vin. Au château, on est toujours bien reçu. Il est vrai qu'il n'entend pas la culture comme nous, et qu'il est bien un peu changeant ; il a une singulière façon de faire ses affaires : trop bon, trop coulant, pas assez près de son intérêt, et s'arrangeant toujours pour perdre. Mais cela le regarde... Et quand ils le voient passer à travers les champs, sur son beau cheval, ils le saluent comme un ami.

Des affaires d'intérêt l'appelent en Angleterre : le voilà tout heureux de voir des horizons nouveaux, et de partir à la découverte de l'île inconnue. Étrange pays ; et bien difficile à juger, tant les impressions qu'il provoque sont contradictoires ; sympathique, cependant. Le ciel gris et lourd, y est pesant ; les maisons ont un aspect revêche. Mais en revanche, rien n'est plus aimable que la parure des gazons verts ; les hommes sont nobles, graves et accueillants tout à la fois : ils font honneur l'humanité. L'organisation de l'existence est admirablement comprise ; les Anglais « ont divinisé l'existence physique ; ils l'ont embellie et ennoblie par l'élégance. » (De Londres, 1er août 1822.) Le corps, cette guenille, gênait un peu Lamartine ; constater qu'on peut le traiter avec une sorte de dignité supérieure, et rehausser sa valeur par le soin même qu'on met à s'occuper de lui : quelle révélation ! Il aimait naturellement l'aisance, l'abondance, et même la somptuosité ; or voici qu'il apprend à connaître un autre plaisir, d'une espèce différente, et qui s'appelle le confort. Il apprend à le connaître, il l'apprécie, et il restera, de tous les hommes, le moins capable de le pratiquer.

Parcourant la campagne et la ville, entrant dans les maisons, interrogeant, causant, il met à tout connaître la plus fraîche ardeur. Il n'oublie pas de hanter les magasins, lieux de délices. Pianos, harpes, curiosités de toute espèce : que d'objets à rapporter à Saint-Point ! Cet acheteur impénitent, pour qui la dépense est une joie, n'éprouve qu'un regret : celui de ne pouvoir profiter suffisamment du permis d'importation qu'on lui a concédé pour son retour en France ; tout Londres y passerait.

Les Anglais possèdent une merveille, entre autres : c'est à savoir leur architecture. Qui n'a pas admiré le style gothique en Angleterre, ne connaît rien. Pour le style gothique, Lamartine se prend de la plus vive passion. Il est au désespoir d'avoir seulement dérangé une pierre à Saint-Point, avant d'ouvrir les yeux à cette nouvelle lumière : au moins se munira-t-il de projets, de croquis, de plans de manière à pouvoir substituer aux travaux commencés des constructions gothiques. Il fit comme il le disait ; et cela valut à sa demeure, au bon vieux château massif, la porte la plus fâcheusement gothique, avec les plus surprenants créneaux.

Toujours sensible, toujours prêt aux admirations, il serait revenu de son voyage avec une moisson de souvenirs heureux, sans l'événement que voici. Il avait emmené à Londres son tout jeune fils, qui tomba gravement malade. Écoutons la douloureuse confidence qu'il fait à son ami Virieu : « Souviens-toi par ma triste expérience de ne pas laisser voyager les enfants. Si je perds le mien, ce sera par ma faiblesse d'avoir consenti à le laisser sans nécessité changer d'air, d'habitudes, de nourriture, et de soins. Je n'en doute guère... » L'enfant mourut.

A Saint-Point, les jours et les mois se succèdent, monotones. « Un mur à remplacer par une claire-voie, une tour à créneler, un massif d'arbres verts à disposer, une chambre à meubler avec goût et économie, un chemin à réparer, un pré à arroser », telles sont ses occupations. Une partie de boston avec les gens du voisinage; des visites aux amis; quelques semaines passées à Mâcon, pendant l'hiver; quelques semaines passées à Paris, au printemps : tel est le cours ordinaire de ses divertissements. Cette paisible vie va-t-elle le prendre tout entier? N'a-t-il ni regrets, ni désirs? Est-ce l'enlisement?

Ce n'est qu'une trêve, ce n'est qu'une halte qui lui permet de se recueillir avant de prendre une orientation nouvelle. Hésitante encore, incertaine, une idée commence à germer dans son esprit : elle va croître et mûrir. Il songe, lointainement d'abord, à prendre part à la vie politique de la France; il entrevoit une candidature à la députation; il se demande s'il ne pourra pas, quelque jour, jouer un rôle utile dans l'État. Non point par ambition; mais parce qu'il faut qu'il donne une issue aux énergies qui sont en lui; et parce qu'il n'y a pas d'activité plus enivrante, il le sent bien, que celle qu'on emploie à mener les hommes. Voilà les pensées qu'il exprime à peine, mais qu'il médite, qu'il nourrit, et qui peu à peu transformeront le poète en homme d'action.

Il sait bien aussi que ces velléités sont prématurées : la loi exige qu'il ait quarante ans avant d'être éligible. Il revient à la diplomatie, et part pour Florence, où on l'a nommé, en qualité de secrétaire de légation, au mois de juillet 1825.

III

Cette aimable Toscane, à la fois riante et grave, a toujours séduit les artistes et les poètes. De même que l'âme de Lamartine s'émeut et palpite aux moindres variations de sa vie sentimentale, de même son corps est sensible à l'extrême à la qualité de l'atmosphère, à la brise, au soleil. Corps et âme sont à leur aise, ici. Il s'en ira gaiement au milieu des collines ondulées, des champs cultivés comme des jardins, des vignes en festons, des oliviers argentés au-dessus desquels les cyprès profilent leur tâche noire ; il se blottira dans la tiédeur de Florence, jusqu'aux grandes chaleurs, qui le verront fuir sur les bords de la Méditerranée qu'il aime. Nous avons de lui un bien joli mot, qui nous montre ce qu'il demandait à un paysage ; un jour qu'il était à Zurich, pendant l'été de l'année 1824, il s'embarqua sur le lac, et contempla la beauté des eaux miroitantes où viennent expirer les pentes des montagnes : mais il ne fut pas pleinement satisfait. « On sent qu'il n'y a pas de sécurité, dit-il, dans les impressions de ce climat. » La Toscane lui donne la sécurité.

Il aime être aimé : c'est encore une satisfaction qui va lui être accordée, et d'autant plus savoureuse qu'il l'aura conquise de haute lutte. Dans un poème qu'il composa vers cette époque, et auquel nous arriverons tout à l'heure, *le Dernier chant du pèlerinage d'Harold*, son héros s'avise de prononcer des paroles peu aimables pour les Italiens. Childe Harold contemple l'Italie somnolente, oublieuse de sa gloire passée ; et les reproches les plus amers montent à ses lèvres :

Italie ! Italie ! adieu, bords que j'aimais !
Mes yeux désenchantés te perdent pour jamais !

O terre du passé, que faire en tes collines?
Quand on a mesuré tes arcs et tes ruines,
Et fouillé quelques noms dans l'urne de la mort,
On se retourne en vain vers les vivants : tout dort...

C'était un thème courant, à l'époque, que de comparer la grandeur passée de l'Italie à sa misère présente : les Italiens eux-mêmes ne se privaient pas de l'exploiter, avec d'autant plus de raison qu'il servait à stimuler l'amour-prore national, et à encourager la lutte, désormais commencée, contre les dominations étrangères. Mais en ces matières délicates, nous savons de reste qu'on n'accorde pas au voisin la permission qu'on s'octroie à soi-même. Lamartine eut le tort d'oublier cette considération : d'où grande et légitime colère dans tout Florence. Un réfugié napolitain, exilé de son pays précisément parce qu'il avait conspiré en faveur de la liberté, le colonel Pepe, prit en main la cause de ses compatriotes. Affaire d'honneur ; duel ; Lamartine est blessé au bras ; les adversaires se réconcilient sur le terrain. Les choses avaient été menées si bravement, si galamment, qu'on ne lui garda pas rancune, et qu'il fut entouré de l'estime générale. Il aimait déjà l'Italie : il l'aima d'autant plus, désormais, qu'il lui devait réparation.

Nous avons ici deux bonnes fortunes : profitons-en. Ce sont des documents qui ont dormi pendant plus d'un siècle, et qui viennent d'être exhumés : ils nous permettent de voir Lamartine au travail, d'une part ; et d'autre part, d'entrer devantage dans son intimité. Ils sont fort amusants.

En 1825, le ministre des Affaires étrangères s'avise qu'une bonne partie de son personnel considère la carrière comme une sinécure, et coule des jours paisibles dans la parfaite ignorance du métier. Qu'on réveille ces dormeurs ! qu'on institue un concours, auquel tous les attachés des légations du roi devront prendre part ! On leur proposera dix questions ; ils en choisiront une, qu'ils traiteront dans un mémoire ; les mémoires seront dûment corrigés, et classés. Docile, Lamartine se met à l'œuvre. *Que faut-il entendre en politique sous l'expression d'un ami ou d'un ennemi naturel? Et quels sont les États de l'Europe que la France peut ou doit considérer sous l'un ou l'autre de ces points de vue?* Tel est le thème qui l'inspire. Il compose un volumineux mémoire, que son ministre transmet aux Affaires étrangères, et qui passe entre les mains des correcteurs. Deux d'entre eux y trouvèrent l'expression du génie, et voulurent attribuer à cette composition diplomatique la première place du concours. Mais un troisième le jugea trop fleuri, trop littéraire, et prétendit ne lui assigner que le quatrième rang. On transigea ; on classa les copies par groupes ; et Lamartine figura dans le premier groupe, mais non pas tout à fait en tête. On le félicita, on lui promit de l'avancement, ou oublia de le lui donner, et tout fut fini.

Autre découverte. D'une façon générale, Lamartine n'aime pas le rire : à l'en croire, celui qui rit se moque des hommes, ou des choses ; celui qui rit se complaît dans sa propre supériorité : le rire est orgueilleux ; le rire est égoïste. Et pourtant, détendu, débridé, gai comme un collégien en vacances, simplement, bonnement, il se permet sinon de rire, au moins de sourire. Il échange avec son beau-frère, M. de Montherot, une correspondance qui est tout entière en vers, et qui garde la trace de la plus franche bonne humeur. Voyez comme il s'amuse à se peindre, revêtu de son costume officiel :

Mais, messieurs, allons-nous-en dîner,
Car le jour sur Prato commence à décliner,
Et l'*Ave Maria*, cette heure du silence,
Sonne de tous côtés dans les tours de Florence !

Adieu donc ! Je m'en vais endosser le harnois,
Et, pour représenter le plus puissant des rois,
Sur un maigre mollet qu'un faux mollet décore,
Mettre un long caleçon qui le grossit encore,
Pour tirer sur le tout une paire de bas
Trop étroits pour le haut, trop larges pour le bas ;
Puis chausser de travers deux pantoufles pareilles
Dont la boucle d'or faux unit les deux oreilles,
Puis coiffer un chapeau dont, par plus d'un affront,
La corne officielle a fléchi sur mon front ;
Puis, revêtant l'habit dont la trame un peu plate
De ma promotion atteste encore la date,
Faire dire aux badauds charmés de mes succès :
Pour porter l'uniforme il n'est tel qu'un Français (1).

Le ministre de France a la bonne idée de demander un congé, et de le prolonger de mois en mois ; si bien que Lamartine, délivré de la présence d'un chef, devient chargé d'affaires, et dirige la légation. Du coup, il prend son rôle tout à fait au sérieux, et veut représenter son pays avec un éclat qui soit digne de lui. Point de Français de marque qui ne soit invité au passage, point d'étranger de qualité qui ne fréquente ses salons. Chasses, réceptions, goûters, dîners, bals, mascarades, c'est un tourbillon : personne, dans le corps diplomatique, ne peut rivaliser avec le chargé d'affaires de France ; oncques n'en fut de plus invitant, de plus aimable et de plus généreux. Il s'occupe même de diplomatie, multipliant rapports et dépêches au gouvernement. Il a toutes les audaces : n'entreprend-il pas de faire régner la concorde parmi les Français de la colonie ?

Période heureuse, que celle de la fête florentine ; intervalle non seulement de détente, mais d'épanouis-

(1) On met trois accents circonflexes sur français (orthographe des calicots, première leçon). [Note de Lamartine.]

sement ; exceptionnelles années, où M. le chargé d'affaires de France, libre, actif, admiré, aimé, semble n'avoir à compter avec aucune des servitudes de la vie : sauf peut-être avec la servitude de l'argent.

Sa manière est celle-ci : dépenser toujours plus qu'il ne possède ; faire des dettes pour combler le déficit ; faire d'autres dettes pour payer les premières ; et adieu vat. Traitement, revenus, capital, tout se volatilise dans ses mains. Ce n'est pas qu'il ne compte jamais : mais il compte toujours mal. Et il ne cesse pas de donner : il devance les solliciteurs, en les comblant. Il est la Providence des miséreux : si l'on voulait un symbole du désintéressement, il faudrait prendre Lamartine.

On n'a pas précisément pour rien la plus belle villa, la meilleure table, les plus luxueux équipages ; et l'on peut bien recevoir les plus brillants personnages de l'Europe, qui se donnent volontiers rendez-vous, à l'époque, sur les rives de l'Arno : encore faut-il y mettre le prix. L'or coule, et Lamartine se ruine résolument — avec la vague idée qu'un miracle interviendra quelque jour, pour remplir ses caisses vides.

Le miracle se produit, en effet, sous la forme de l'héritage de l'oncle de Monculot ; plus que rondelet : copieux. Lamartine aussitôt de relever la tête, et de multiplier la dépense. On tremble un peu pour lui quand on le voit écrire ces lignes, qui dénotent l'âme la plus naïve et la plus imprudente : « Je traite et je vends. Je dirige hardiment ma barque, et je suis de plus en plus convaincu que dans les grandes affaires, résoudre sur-le-champ et agir hardiment sont un grand secret... Il y a pour moi multiplication des pains évidente ; plus je mange et plus je donne, et plus il me revient. » (De Livourne, 22 juillet 1827.) Cette barque-là risque fort de sombrer.

Occasion admirable : une villa, chaude et confortable ; un grand jardin et cinq petites maisons par surcroît ; le tout pour un morceau de pain, pour cent mille francs. Bien sot qui ne la saisirait pas. Reste seulement, une fois l'acquisition faite, à transformer la villa, à la meubler, à l'orner ; à changer le jardin toscan en un jardin anglais ; sans compter quelques autres petites dépenses, et sans parler des surprises. Un devis d'architecte, qui ne devait as dépasser deux mille francs, ne s'élève-t-il pas jusqu'à vingt-quatre mille ? Lamartine est indigné ; voilà une leçon dont il profitera. A l'avenir, « je ne bâtirai pas une cheminée avec un architecte, » assure-t-il. — Ne le croyons pas...

L'arrivée d'un nouveau ministre, qui le reléguerait au rang de secrétaire, l'oblige à regagner la France : et donc, il va falloir liquider l'installation florentine, vendre « porcelaines, cristaux, vins étrangers, plaques, tableaux, voitures, harnais, etc., etc. » L'opération est désastreuse, et cependant opportune : l'homme des grandes affaires n'avait plus un sol vaillant : grâce à la liquidation, il récupère quelques deniers et se trouve fort satisfait. C'est sa méthode. Il revend à perte : mais au moins est-il à l'abri de la gêne pour aujourd'hui. — Et demain ? — Demain est loin ; on verra...

A peine est-il entré en France, qu'il se remet à bâtir ; il occupe cent ouvriers à Monculot, et presque autant à Saint-Point. Ou, pour le dire encore avec sa Muse folle, et avant de la quitter :

A M. DE MONTHEROT

ÉPÎTRE VIII

Sur l'air : *Gentil hussard.*

Lundi passé, je devais vous écrire.
Mais des beaux vers la saison a passé.
Mes doigts transis grelottent sur la lyre ;
Il fait trop froid : l'Hippocrène est glacé.

Vous m'écrivez en vers dignes d'Horace,
Moi, mon ami, je ne sais que nombrer
— Non plus, hélas, les maîtres du Parnasse —
Les pieds de roi qu'il me faut mesurer.

J'ai des piocheurs, des planteurs, qui me plantent
De bons poiriers de toutes les saisons ;
J'ai des maçons qui jurent et qui chantent ;
J'ai des voisins qui grillent leurs cochons.

A ce train-là, que voulez-vous qu'on chante?
Hugo lui-même aurait peine à chanter.
Lorsque j'étais chez mon oncle ou ma tante,
Que je n'avais rien du tout à compter,

Je rimais mieux...

A-t-il vraiment cessé de rimer? Toute son activité se borne-t-elle, pendant cette période de sa vie, aux occupations du diplomate, aux travaux et aux plaisirs du propriétaire campagnard? Est-il infidèle aux Muses?

Il y a des gens qui parlent des poètes, sans parler de leurs poésies ; qui les montrent au milieu des autres hommes, et semblables à eux, sans marquer le privilège qui les distingue ; qui racontent leurs occupations, leurs voyages, leurs affaires, leurs tracas, et passent sous silence les productions de leur génie. C'est une trahison : ne la commettons pas.

CHAPITRE V

DES « NOUVELLES MÉDITATIONS » AUX « HARMONIES »

I

Voyez comme vont les choses, dans la vie des écrivains : l'accueil fait aux *Méditations*, en 1820, avait été triomphal ; les *Nouvelles méditations poétiques*, en 1823, furent dédaignées. Elles manquaient de nouveauté, disait-on ; elles répétaient les premières, en les délayant.

Si vous les lisez aujourd'hui, cherchez-y l'examen de conscience d'une âme en travail, qui revient sur le passé, certes, mais qui analyse aussi son état présent, et se renouvelle : alors elles s'animeront, et vous les aimerez. Car vous y trouverez, une à une, les étapes de la vie sentimentale de Lamartine. Au lointain, des souvenirs de jeunesse, qui commencent à s'estomper. Des débris de ce *Saül* qu'il avait vainement essayé de faire représenter, quand il se trompait encore sur la nature de son talent, et tentait la gloire du théâtre. La mémoire d'Elvire ; ce c ucifix qu'elle embrassa vers le moment d'expirer, et qu'elle voulut lui envoyer comme témoignage de leur amour épuré par la mort. Puis encore, son mariage, et cette nouvelle vie qui a commencé pour lui. L'Italie, Rome ; et le séjour à Ischia. Des sursauts, fidèlement notés : comme celui que provoque en lui la nouvelle de la mort de Napoléon. Des essais. L'expression de ses incertitudes sur les limites, sur la nature même du génie poétique qui le tourmente ; ce qui nous vaut l'admirable pièce des *Préludes*, où Lamartine a l'air de chercher sa voie : que chantera-t-il? Le bonheur de vivre, et la douceur d'aimer? La frénésie des batailles? Tout d'un coup il a trouvé : et il entonne l'hymne le plus noble, le plus tendre et le plus émouvant, digne de rester dans toutes les mémoires, l'hymne à la terre natale. Ajoutons ses découragements passagers, ses reprises, ses anxiétés, quand il pense au problème de la destinée ; son désir, son attente d'un bien définitif qui lui échappe encore.

Voilà ce qu'il faut chercher dans les *Nouvelles méditations* : les débats d'une âme insatisfaite, qui palpite. Elle peut bien céder, par moments, à l'appel du plaisir : mais elle ne se sent jamais béate, ou repue ; vous la voyez reprendre son essor vers les hauteurs : délicate, mobile, mais non pas fragile ; et rebondissante toujours.

II

Parmi tant de scènes mémorables que l'antiquité nous a aissées, il n'en est guère de plus sublime que le récit de la mort de Socrate, tel que l'a écrit Platon. C'est celui que Lamartine a repris, dans un court poème qu'il a publié à part, quelques semaines avant les *Nouvelles méditations*.

La scène se passe à Athènes. Socrate, accusé d'avoi

corrompu les jeunes gens de la cité parce qu'il leur enseignait une sagesse nouvelle, a été jugé et condamné à mort : l'heure de l'exécution est venue. Enfermé dans sa prison et près de quitter la vie, sans regret, sans faiblesse, sûr de la vérité des principes pour lesquels il va périr, à quoi occupe-t-il le moment suprême? A prouver devant ses fidèles, devant un incrédule aussi, l'immortalité de l'âme. Ceux qui détiennent le pouvoir dans l'État peuvent bien triompher de la partie périssable de son être, de son corps mortel : mais le principe qui l'anime est hors de leur atteinte, et vivra dans l'éternité. Le bourreau lui tend la coupe qui contient la ciguë ; il la vide, et reprend son propos :

Espérons dans les dieux, et croyons dans notre âme !

Il agonise ; et dans le délire prophétique qui s'empare de lui, il entrevoit le moment où la :oule des dieux

Roulant avec l'erreur de l'Olympe qui croule,
Fera place au Dieu saint, unique, universel,
Le seul Dieu que j'adore et qui n'a point d'autel !

On n'entendait autour ni plainte ni soupir :
C'est ainsi qu'il mourut, si c'était là mourir.

Reprendre un tel sujet, déjà porté par l'écrivain grec au plus haut point de perfection, n'est-ce pas grande hardiesse? Mais pour les poètes, la nouveauté n'est pas toujours dans les thèmes : on dirait que les plus connus, au contraire, sont les plus attrayants : ils aiment à leur imprimer leur marque propre et leur cachet personnel. Ainsi font les peintres, quand ils reprennent, d'âge en âge, l'adoration des bergers ou le Crucifiement. Dans *la Mort de Socrate*, Lamartine ne s'est pas contenté de peindre la sagesse antique : son effort a été de la rapprocher du présent. Il a fait de Socrate un précurseur du christianisme, un prophète qui entrevoit le règne de Dieu après le règne des dieux. L'histoire n'y trouve peut-être pas tout à fait son compte : mais il y trouve le sien. Dans son grand besoin d'amour et d'union, il lui est doux de découvrir un lien spirituel entre les hommes, et de montrer qu'au moment où le paganisme trouvait dans la civilisation athénienne son expression la plus raffinée, un sage proclamait le triomphe de l'âme sur la matière, et annonçait lointainement la doctrine du Christ.

Et quels beaux vers ! Non point semblables aux marbres athéniens : purs, impeccables, taillés à la perfection dans une matière sans défauts. Mais des vers abondants et généreux, coulant avec une suprême aisance ; fluides. Descriptions, dialogues, raisonnements philosophiques, péripéties dramatiques, se fondent dans une ample harmonie. Pour exprimer ses idées le poète ne part plus de son expérience personnelle et de son cas particulier : il met en scène ce Socrate que l'humanité s'est plu à considérer comme un de ses modèles héroïques : il en paraît plus dégagé de tout égoïsme, plus désintéressé, et si l'on peut dire plus classique.

III

On propose quelquefois à l'ingéniosité des jeunes gens des sujets comme celui-ci : si toutes les œuvres de tel ou tel poète venaient à disparaître, sauf une, laquelle voudriez-vous retenir ? Dans le cas de Lamartine, ce ne serait pas *le Dernier chant du pèlerinage d'Harold* qu'on sauverait du naufrage. Au moins pour ce qui est de la réussite, et de la beauté intrinsèque de l'ouvrage. Car pour la psychologie qu'il révèle, il est tout à fait curieux et significatif. Il offre cette particularité, d'être byronien pour commencer, et lamartinien pour finir.

Il est inspiré, en effet, par le plus fébrile de tous les poètes modernes, qui, après avoir rempli l'Europe entière du bruit de ses excentricités, venait de trouver la plus belle et la plus illustre mort. S'enthousiasmant pour la cause des Grecs, qui revendiquaient leur liberté contre les Turcs, et voulant payer de sa personne, Byron s'était rendu en Grèce, avait pris place parmi les combattants, et avait péri pendant le siège de Missolonghi, le 19 avril 1824. Cette mort héroïque avait produit de longs échos, et notamment dans le cœur de Lamartine.

Or, Byron avait laissé inachevé un vaste poème où il peignait, de chant en chant, « un jeune voyageur qui, lassé de bonne heure des voluptés de la vie, quitte sa terre natale, l'Angleterre, et parcourt le monde en chantant ce qu'il voit, ce qu'il sent, ou ce qu'il pense. » Lamartine reprend le récit au point où son auteur l'avait laissé, et mène le héros, Childe Harold, jusqu'à sa fin. Mais il modifie son caractère : tandis que Byron avait fait de lui un personnage sceptique, ironique, en révolte contre les hommes et contre les dieux, l'auteur de *la Mort de Socrate*, qui répugne à une telle attitude, imagine de le représenter comme hésitant, troublé dans son incrédulité même, et saisi d'un tardif repentir. Ainsi Childe Harold, de byronien, devient lamartinien : c'est à peu près exactement le contraire. Et ce miracle est d'autant plus surprenant, que sous les espèces de Childe Harold, c'est Byron lui-même que Lamartine s'est annexé. Il ne pouvait admettre la raillerie, le scepticisme, la désespérance ; et il étendait jusqu'aux morts le bénéfice de sa générosité.

IV

Les *Harmonies*, qu'il publie en 1830, et dont le recueil s'est lentement formé au cours des années précédentes, sont un vaste épanouissement et une élévation. Le poète se fait l'interprète de l'hymne de foi et d'amour que la création fait monter vers Dieu. Comment l'enfant à son réveil s'adresse au Père céleste et lui rend témoignage : de même, le chanteur inspiré consacre sa voix à dire les harmonies qui règnent entre l'immensité de la nature et la grandeur souveraine de son auteur. S'il a célébré, jadis, les passions humaines, il s'en repent, et veut que sa lyre se consacre à la poésie sacrée. Tous les aspects du temps, toutes les modalités de l'espace, la terre, les flots, le ciel, le champ des étoiles, la profondeur insondable des abîmes, sont le domaine où il se joue : le sentiment de la présence immanente de Dieu dans tout l'être et dans tout le devenir le remplit d'une ivresse surhumaine.

Mais enfin, quel est ce Dieu dont il est le prophète? Quel nom donne-t-il au Maître universel qui inspire ses « psaumes modernes »? Dans quelle religion le fait-il rentrer? Dans aucune. De toutes les croyances, Lamartine ne retient que ce principe commun : Dieu, maître de la création ; Dieu, auteur de la vie :

O lumière ! où vas-tu? Globe épuisé de flammes,
Nuages, aquilons, vagues, où courez-vous?
Poussière, écumes, nuit ; vous, mes yeux ; toi, mon âme,
Dites, si vous savez, où donc allons-nous tous?

A toi, grand Tout, dont l'astre est la pâle étincelle
En qui la nuit, le jour, l'esprit vont aboutir !
Flux et reflux divin de nuit universelle,
Vaste Océan de l'Être où tout va s'engloutir !

(*Harmonies poétiques et religieuses*, II, 2, *l'Occident.*)

De même, la seule formule impérative à laquelle il s'arrête est qu'il faut s'aimer les uns les autres :

Chrétiens, souvenons-nous que le chrétien suprême
N'a légué qu'un seul mot, pour prix d'un long blasphème,
A cette arche vivante où dorment ses leçons,
Et que l'homme outrageant ce que notre âme adore
Dans notre cœur brisé ne doit trouver encore
Que le seul mot : Aimons !

(*Harmonies*, I, 6, *Aux chrétiens dans les temps d'épreuve.*)

Ce qui est nouveau dans les *Harmonies*, c'est non seulement le rythme plus souple, plus varié, et plus sonore ; non seulement cette inspiration sublime qui dicte à Lamartine des vers aussi voisins qu'il est possible de la poésie pure : mais encore l'élargissement d'une croyance qui s'unit, sur toute la surface de la terre, à celle de tous les hommes de bonne volonté.

Il a défini la poésie la respiration de l'âme : tous les vers dont nous venons de voir l'éclosion sont bien tels ; il ne les a pas produits comme l'artisan qui, s'installant devant son établi, abat régulièrement sa besogne. Il n'est pas le maître de son inspiration, et ne cherche jamais à la forcer : il l'attend. Lorsque enfin les premiers vers surgissent, il les saisit, il les fixe sur le papier : alors ils s'appellent les uns les autres. Que s'il en est qui se montrent rebelles, il laisse un blanc, et passe, quitte à reprendre ensuite la strophe tout entière, et, par élans successifs, à dépasser enfin l'obstacle qui l'arrêtait. Conscient, certes, de son génie, mais n'ignorant pas qu'il est capable de se tromper comme les autres hommes il sollicite avec une docilité touchante les critiques de son fidèle ami Virieu. Un jour il écrit au sujet de l'Italie des vers qui lui semblent son chef-d'œuvre. — Pas du tout, lui répond Virieu : ils sont faibles, et mal venus. — Ceux-ci, dit Lamartine, vous satisferont-ils davantage? et il lui envoie, comme un écolier grondé qui remplacerait une composition mal faite par un devoir plus soigné, une des plus belles *Harmonies*, *Milly ou la Terre natale* (III, 2) :

Montagnes que voilait le brouillard de l'automne,
Vallons que tapissait le givre du matin,
Saules dont l'émondeur effeuillait la couronne,
Vieilles tours que le soir dorait dans le lointain,

Murs noircis par les ans, coteaux, sentiers rapides,
Fontaine où les pasteurs accroupis tour à tour
Attendaient goutte à goutte une eau rare et limpide,
Et, leur urne à la main, s'entretenaient du jour,

Chaumière où du foyer étincelait la flamme,
Toit que le pèlerin aimait à voir fumer,
Objets inanimés, avez-vous donc une âme
Qui s'attache à notre âme et la force d'aimer?

On l'a quelquefois raillé de ce qu'il prétendait n'être pas un poète de métier, et ne considérer la littérature que comme un délassement. A tout le moins est-il vrai de dire qu'il ne s'astreignait pas à une production réglée ; qu'il ne forçait jamais son génie ; et qu'il donnait ses vers comme un arbre abandonne ses fruits mûrs.

CHAPITRE VI

LES DÉBUTS DE LA VIE POLITIQUE ET LE « VOYAGE EN ORIENT »

I

La vie de Lamartine n'est pas seulement ponctuée de deuils : les coups qui le frappent sont tragiques et brutaux. Comme il se trouvait à Paris, au mois de novembre 1829, pour son élection à l'Académie française, sa mère fut ébouillantée dans son bain.

Rentré en hâte, il accomplit son dernier vœu : la nuit, par des chemins couverts de neige, accompagné de quelques paysans, il transporta son cercueil de Mâcon à Saint-Point : de façon qu'elle reposât, comme elle l'avait souhaité, près de la demeure de son fils.

Que j'ai pleuré ces jours-ci ! Mais ces larmes sont moins amères auprès de ce qui fut elle, dans le recueillement de l'église et du lieu qu'elle aimait, que sur la terre tous les dix ans labourée d'un cimetière de ville. Au moins à la douleur l'horreur n'est plus associée : je suis content. — Je m'en vais demain, à pied, comme je suis venu, par un pied de neige sur nos montagnes. Je vais reprendre le courant de la vie, qui a bien moins de but et bien moins de délices depuis qu'elle ne la partage plus. Voilà une leçon, la plus forte que j'aie reçue : le reste encore pouvait s'effacer, se réparer, s'adoucir ; mais à ceci il n'y a pas de remède, il n'y a plus qu'un éternel souvenir qui me montre un immense vide, qui me dit : tout s'évanouira aussi ; pourquoi remuer? pourquoi travailler? pourquoi grandir devant les hommes? (De Saint-Point, 24 décembre 1829.)

1830. C'est une date capitale dans l'évolution des Français ; le principe républicain, qui semblait vaincu depuis 1815, réapparaît. L'émeute populaire chasse les Bourbons du trône de France ; la royauté absolue est abolie ; Louis-Philippe d'Orléans prend le pouvoir, non plus seulement par la grâce de Dieu, mais par la volonté nationale. Il y a rupture avec le passé, et adoption d'un ordre nouveau.

Il faut que Lamartine procède à un examen de conscience politique, et détermine clairement les principes auxquels il veut obéir. Cette révolution, par lui depuis longtemps prévue, est presque un événement souhaité : elle va le mener à la politique active dont il a besoin pour dépenser toute sa force.

Première résolution : sa famille est fervemment royaliste ; lui-même, qui a été un fidèle serviteur des Bourbons, ne compte pas au nombre de ceux qui d'un jour à l'autre renient leur tradition : par honneur, il refusera de prendre un poste sous le nouveau régime, renoncera à la carrière diplomatique et enverra sa démission.

Que faire ensuite? Bouder? Se tenir à l'écart de la chose publique? Mais, pense-t-il, « la neutralité est un crime envers soi-même, une blessure inguérissable à sa conscience. » Travailler à chasser la monarchie libérale, pour rétablir la monarchie absolue? Encore moins. L'idée de susciter la guerre civile, au risque de jeter le pays dans l'anarchie, lui répugne. L'intérêt de la patrie est supérieur à celui des dynasties ; et peu importe que les dynasties passent, pourvu que la France demeure.

Qu'on le veuille ou non, raisonne Lamartine (et

nous touchons ici au plus profond de sa pensée), on ne remonte pas le cours du passé. Il est impossible de revenir à la monarchie d'avant 1789, à la monarchie d'après 1815. Le mouvement du siècle est vers la liberté, il faut le suivre, tout en s'efforçant de faire un choix dans la tradition et de sauver tout ce qui est digne de subsister encore ; de façon que l'on passe comme par une pente douce de l'état ancien à l'état nouveau. Pour son compte, il ne s'engagera ni dans les partis rétrogrades, ni dans les partis révolutionnaires ; il acceptera le présent, en tâchant de l'améliorer ; il abandonnera les institutions caduques, pour fonder les institutions que demandent les temps modernes ; il agira en toutes circonstances, non pas suivant les intérêts d'un groupe ou d'une secte, mais pour le plus grand bien de la France et de l'humanité.

Ces idées étant désormais très nettes et très fermes dans son esprit, reste à les réaliser : et, pour commencer, à les présenter aux électeurs.

II

Grande nouvelle dans les Flandres : un homme qui n'est pas du pays, un poète, un certain M. de Lamartine, se présente à la députation. Les Flamands donnent volontiers leur cœur, avec une fidélité à toute épreuve : mais pas du premier coup. Quel est ce Lamartine? Est-il tombé du ciel? — Pas du tout ; c'est le beau-frère de M. de Coppens, d'Hondschoote ; un bien brave homme, et qui répond de lui. — Est-il fier? — Pas du tout. Il sait parler aux gens ; il s'y connaît en culture, il a dit qu'il n'avait jamais vu plus belles prairies, ni plus beaux blés ; il a une façon de vous regarder qui vous prend. — Nous verrons...

L'affaire fut chaude. Au corps électoral, qui ne distingue pas volontiers les nuances, la profession de foi du candidat paraissait confuse. Libéral, il l'était : mais avec une prudence qui pouvait passer pour de la timidité. Royaliste, il l'était encore : mais avec une tiédeur qui pouvait passer, aux yeux des ultras, pour un abandon. Conciliant, il l'était trop. Libéral, royaliste, amphibie, et poète par surcroît : quelle étrange affaire ! On ne comprenait pas encore qu'il représentait un état d'esprit nouveau, et qu'il voulait fonder, au-dessus des partis, le parti des hommes de bonne volonté. On cherchait son étiquette : il n'en avait pas.

La scène est à Bergues, le dimanche 6 juillet 1831. Lamartine, candidat à la députation dans la deuxième circonscription de Dunkerque, a parcouru le pays, conféré avec les notables, parlé aux électeurs, serré des mains, vidé des chopes de bière : tout cela, avec allégresse ; car il aime les humains. Le matin de l'élection, il s'est transporté d'Hondschoote à Bergues, parce qu'on lui a dit que des manifestations hostiles à sa personne auraient vraisemblablement lieu : il veut affronter ses adversaires. Son quartier général est établi à l'hôtel de la Tête d'Or. Rien n'est plus doucement pittoresque que cette petite ville flamande ; rien n'est plus tranquille. Son imposant beffroi ressemble à un guerrier qui se souvient en somnolant des batailles anciennes ; pas un pli ne ride les eaux noires de ses canaux ; l'herbe pousse aux pavés de sa grande place ; ses maisons sont faites pour le calme d'une vie réglée : dès le seuil, on y respire la paix. La vie n'y est pas arrêtée : mais elle s'y recueille. Un charme l'enveloppe, et l'endort.

Mais ce jour-là, une rumeur l'agite dès le matin. Au trot de leurs grands chevaux, haut perchés sur leurs carrioles, les électeurs sont arrivés des campagnes environnantes, et discutent ferme, non sans absorber quelques « pintes » de bière pour restaurer leurs forces. N'allez pas croire que dans de telles circonstances, les Flamands restent froids et réservés : ils rendraient des points aux Méridionaux par l'animation, voire par la violence de leurs propos. Voici qu'on distribue dans les rues une feuille arrivée de Paris, *la Némésis*, où un poète aussi, M. Barthélemy, se répand en injures contre M. de Lamartine. Celui-ci est en train de répondre séance tenante, et de sa belle encre. La bataille électorale est acharnée ; des manifestants veulent se porter sous les fenêtres de la Tête d'Or pour huer le candidat qui, prêt à tout événement, tient ses pistolets chargés sur sa table.

Il fut battu : 181 voix, contre 198 à son adversaire. Battu aussi à Toulon et à Mâcon, où il s'était présenté à tout hasard, il comprit qu'il devait préciser son attitude politique, qui semblait incompréhensible à beaucoup ; et il s'expliqua dans un article intitulé *Sur la politique rationnelle* (septembre 1831), où l'on trouve son *credo*.

Ses paroles, en effet, sont celles d'un prosélyte ; elles frappent par l'exceptionnelle noblesse de leur accent. « Nous touchons à l'époque du *droit et de l'action de tous*, époque toujours ascendante, la plus juste, la plus morale, la plus libre de toutes celles que le monde a parcourues jusqu'ici, parce qu'elle tend à élever l'humanité tout entière à la même dignité morale, à consacrer l'égalité politique et civile de tous les hommes devant l'État, comme le Christ avait consacré leur égalité naturelle devant Dieu. Cette époque pourra s'appeler l'époque évangélique... » Pour qu'elle mérite ce beau nom, il faut changer l'esprit même de la politique, et substituer la charité, l'amour, à la violence et à la haine. Bref, « toutes les difficultés doivent se résoudre à la lumière de cette formule : le bien le plus général de l'humanité pour objet, la raison morale pour guide, la conscience pour juge. » N'y a-t-il point ici quelque utopie? Sans doute. Mais n'oublions pas que nous arrivons à une époque où une sorte d'ivresse intellectuelle et sentimentale s'empare des esprits, qui échafaudent les systèmes les plus vertigineux et les plus follement impraticables : de sorte que Lamartine, par comparaison, demeure un sage et un modéré. Et quel respect ne devons-nous pas, aussi, à ceux qui font confiance à l'humanité?

Au reste, si on lui demande quelles applications concrètes il entend tirer de ces hautes maximes, il ne se refuse pas à répondre. Il est pour la monarchie, non pas de droit divin, mais constitutionnelle ; contre la pairie héréditaire, inconcevable dans la société moderne, dont l'égalité est la première loi ; pour un enseignement « libre et large, répandu, multiplié, prodigué partout ; gratuit surtout pour les pauvres... Celui qui donne une vérité à l'esprit du peuple fait une aumône éternelle aux générations à venir. » Et il préconise encore la séparation de l'Église et de l'État ; le suffrage universel, mais à plusieurs degrés ; la réforme de la législation criminelle et l'abolition de la peine de mort. Telles sont quelques-unes des mesures qui assureront le règne du « christianisme rationnel », et qui permettront à l'époque moderne de remplir sa mission : « Organiser le droit et l'action de tous, ou la liberté, d'une manière vitale et durable... »

Ayant ainsi précisé sa foi, pour les autres et pour lui-même, Lamartine s'apprête à satisfaire un désir qu'il caresse depuis longtemps déjà, et à partir pour l'Orient.

III

L'*Alceste* fend les flots méditerranéens. Il emmène, avec le maître du navire, sa femme et sa fille, trois amis, six domestiques, dix-neuf hommes d'équipage. Tout est en abondance, les provisions, les livres, les armes ; on a même des canons, si jamais les pirates qui infestent les îles de l'Archipel voulaient tenter une attaque. Par Athènes et par Smyrne, on fait voile vers Beyrouth, où l'on s'établit d'abord, afin de rayonner à travers la Syrie. Puis un homme se détache de la petite troupe ; il part, entouré d'une escorte de cavaliers ; et pendant quarante-cinq jours, il visite « les deux Galilées, la Palestine, depuis le Liban jusqu'au désert de l'Égypte, et depuis la mer jusqu'aux montagnes d'Arabie ». On le voit sur les rives du Jourdain, et près des eaux de la mer Morte ; à Jérusalem, il médite longuement devant le Saint-Sépulcre. Ses nobles manières, sa naturelle aisance, et son beau regard, frappent les hôtes qui l'accueillent sous leur tente ou dans leur demeure ; et les Turcs sont pleins de révérence pour ce seigneur chrétien.

Sur mer, aux escales, le long des routes du désert, dans les villes saintes de la Judée, il ne cesse de se remplir les yeux d'éclatantes et de poétiques visions. Il les note quelquefois. Non qu'il prétende donner, après Chateaubriand, un *Itinéraire de Paris à Jérusalem* : il veut seulement fixer, pour lui-même et pour les autres, le souvenir de l'émerveillement qu'il éprouve aux diverses étapes de son *Voyage en Orient*. Les paysages qu'il s'était plu à peindre jusque-là étaient estompés, comme des reflets délicats de sa mélancolie ; ou abstraits, quand il voulait embrasser l'infini dans les cieux. Maintenant, sans effort, et simplement parce qu'il est sensible au pittoresque oriental, il devient le peintre de la couleur, de la lumière et de la vie. Sa prose prend une précision et une fermeté que son vocabulaire poétique ne possède pas toujours. Elle s'assouplit ; elle s'enrichit ; elle s'adapte au caractère des scènes qui surgissent devant le voyageur, au gré des matins et des soirs : aujourd'hui, les montagnes du Liban, et demain, le palais d'un pacha turc ; un bazar à Damas, un marché d'esclaves à Constantinople, ou les ruines de Balbek.

Ce beau *Voyage* ne laisse pas de contenir une philosophie. Quand on quitte son pays, qu'on franchit les mers, et qu'on se transporte tout d'un coup au milieu d'un monde nouveau, on voit changer les proportions des choses, et on ne prend plus son clocher pour le centre de l'univers. « Le fait est que nos questions politiques, si capitales dans nos lycées ou dans nos cafés, ou dans nos clubs, sont bien petites, vues de loin. » Ainsi raisonne le voyageur transplanté. Qu'importent à l'Athénien, ou au Smyrniote, ou au Syrien, ou à l'Arabe accroupi sur le seuil de sa tente, les divisions entre orléanistes et légitimistes, que les Français considèrent comme le problème essentiel de leur politique intérieure? Les partis s'effacent, vus de haut. Seules demeurent les questions qui intéressent toute l'humanité.

De même, Lamartine se fortifie dans la conviction que peu importe le nom sous lequel on adore Dieu, pourvu qu'on l'adore. Les musulmans au milieu desquels il vit font leur prière avec une piété admirable : faut-il les haïr en tant qu'hérétiques? Ne vaut-il pas mieux respecter la sincérité de leur foi, en leur disant : « Je ne prie pas comme toi, mais je prie avec toi le Maître commun, le Maître que tu crois et que tu veux reconnaître et honorer, comme je veux le reconnaître et l'honorer moi-même sous une autre forme. Ce n'est pas à moi de rire de toi, c'est à Dieu de nous juger. » Ému à l'idée qu'il foule les lieux mêmes où Jésus-Christ se révéla, souffrit et mourut pour l'humanité, il sent sa religiosité s'accroître, et sa charité du même coup. Peu après son arrivée en Syrie, il est allé rendre visite à une étrange femme, lady Stanhope, qui avait fait de l'Orient sa patrie d'élection, et qui, après avoir été proclamée reine de Palmyre par les Arabes, s'était vue abandonnée de ses fidèles à mesure que ses richesses décroissaient, et vivait dans la solitude des montagnes du Liban. Lady Stanhope est une visionnaire ; elle déclare à Lamartine, crédule, qu'elle l'attendait sans le connaître ; qu'il est né sous l'influence des plus heureuses étoiles ; qu'il sera grand dans l'avenir. Ils sont d'accord sur cette formule : « Le fond des choses, c'est Dieu et la vertu. »

Tandis qu'il élaborait ainsi, au pays des antiques civilisations, une plus compréhensive sagesse, et qu'il cherchait à s'élever au-dessus des petitesses de la vie, il fut de nouveau frappé. Il avait une fille, Julia ; il l'aimait parce qu'elle était devenue, après la perte de son fils, sa raison de vivre et son unique espoir ; il l'aimait à cause des affinités mystérieuses qui unissent d'un lien plus tendre les pères à leurs filles : déjà, il croyait distinguer en elle le goût des lettres, l'amour de la peinture, délicatesse, noblesse, et grâce. Il l'avait emmenée sur l'*Alceste* : mais, inquiet de sa frêle santé, il l'avait laissée à Beyrouth, avec Mme de Lamartine, lorsqu'il était parti pour Jérusalem. Il la trouva mourante à son retour ; elle expira le 6 décembre 1832 ; elle avait dix ans.

En même temps qu'il revenait par voie de terre, un navire transportait à Marseille ce pauvre corps d'enfant. Il l'alla chercher ; il l'accompagna lui-même jusqu'à Saint-Point, et posa le cercueil sur le cercueil de sa mère. Toute la nuit qui précéda les funérailles, il la passa en contemplation devant sa fille morte.

Photo Bulloz.

LAMARTINE EN 1835, PAR GÉRARD

(Musée de Versailles)

Le passé lui semblait infiniment lointain ; entre le Lamartine d'autrefois et l'homme qu'il était aujourd'hui s'étendait un immense espace vide, pays des morts. Morte Elvire ; et mort du même coup, le poète inquiet qui avait cru trouver dans la passion la félicité suprême. Morte, sa mère ; morts, son fils et sa fille. Ses plus chers souvenirs dormaient sous des tombeaux qui déjà revendiquaient une partie de lui-même.

Pourtant il reprit sa route. En Orient lui était parvenue la nouvelle que son rival heureux aux élections de Bergues avait donné sa démission, et qu'il avait été élu à sa place. Il vint siéger pour la première fois à la Chambre des députés le 23 décembre 1833. Épuré par la douleur ; dégagé des terrestres attachements ; comprenant l'illusion de ceux qui mettent leur espoir dans l'éphémère, et résolu de plus en plus à rechercher sinon le bonheur, au moins l'apaisement, dans le sacrifice de sa personne à l'humanité qui demeure, Lamartine entre dans une nouvelle période de sa vie.

CHAPITRE VII

ÉLOQUENCE ET POÉSIE

Plus belle, plus grande encore devient cette vie. Il déclare, en vers admirables :

Frère, le temps n'est plus où j'écoutais mon âme
Se plaindre et soupirer comme une faible femme
Qui de sa propre voix soi-même s'attendrit,
Où par des chants de deuil ma lyre intérieure
Allait multipliant, comme un écho qui pleure,
Les angoisses d'un seul esprit...

(Recueillements poétiques ; Saint-Point, 15 septembre 1837 : *A M. Félix Guillemardet, sur sa maladie.*)

C'est vrai : il sera, de jour en jour, plus largement humain.

I

La Chambre. Des députés engoncés dans leurs larges cravates, serrés dans leurs redingotes, importants et dignes. Des manières plus cérémonieuses que celles d'aujourd'hui ; des discours plus académiques. Des effusions, certes ; des mouvements qui entraînent l'assemblée : mais on a bien soin, même si l'on verse quelques larmes, de garder un certain air de noblesse et de grandeur. De vives passions politiques, et d'âpres débats : mais toujours une allure de tournoi oratoire, où il ne suffit pas de donner des coups : encore faut-il les porter brillamment.

Quand Lamartine pénètre dans ce milieu à la fois très sensible et un peu compassé, il se produit, comme disent les comptes-rendus officiels, un vif mouvement de curiosité. Il arrive avec toute sa gloire, à laquelle ses collègues rendent volontiers hommage : car nos assemblées politiques ont le goût des lettres ; elles en ont même la coquetterie : c'est leur honneur. Mais il arrive aussi avec de paradoxales intentions. — « Où siégerez-vous? — Au plafond », a-t-il répondu. Position incommode, disent les mauvaises langues ; bonne pour qui a la tête dans les nuées. Au moins ne fit-il pas attendre trop longtemps les curieux : dès le 4 janvier 1834, il prit la parole, sur la question d'Orient. Les couloirs se vidèrent, et la salle se remplit, lorsque Alphonse de Lamartine gravit les marches de la tribune.

Or, cette tribune est un lieu redoutable. C'est un métier que d'être député : il faut l'apprendre. Il faut apprendre non seulement à parler, mais à se faire entendre ; à garder son sang-froid dans le tumulte, à répondre aux interruptions, trait pour trait ; à braver l'orage, et à profiter des accalmies ; à manœuvrer : éviter les pièges, choisir son moment, ne pas se laisser étouffer, ne pas revenir au logis, après des heures d'attente, avec un discours rentré.

A cet apprentissage, Lamartine se soumet docilement. Des obstacles, de nouvelles conquêtes : à la bonne heure. Il possédait d'instinct les dons oratoires, voix sonore, vocabulaire facile ; et il aimait parler en public. La première condition pour réussir est, semble-t-il, cette volupté même, secret des charmes. Qui se donne, conquiert. Il se donnait, vibrait, et faisait vibrer ses auditeurs. De sa personne émanait le fluide mystérieux qui pénètre jusqu'aux âmes et les tient sous l'enchantement. Il était un peu raide, et apprêté : mais ce sont là défauts que la pratique corrige. Au début, il avait peur d'improviser, écrivait ses discours de point en point, s'attachait à son manuscrit : mais il comprit vite que la méthode était mauvaise et ne convenait pas à son tempérament. Il eut le courage d'abandonner ses notes, de se lancer dans la grande aventure oratoire : il sentit ses forces s'accroître avec son courage, et s'étonna joyeusement de ses progrès. « Cela m'amuse comme un écolier qui apprend une langue, il s'aperçoit tout à coup qu'il la sait à peu près, après avoir cru longtemps que ses progrès étaient nuls. » O ravissement ! ô délices toutes neuves ! O force spontanée qui jaillit, et que le travail et la volonté portent jusqu'à son extrême puissance ! Il se sent le maître des mots, s'abandonne à sa verve, développe harmonieusement les idées, sûr que la matière verbale lui sera fournie comme par miracle par les réserves secrètes de sa mémoire. Sans crainte : ou du moins avec cette crainte chaque fois menaçante, et à l'épreuve chaque fois vaine, qui raffine le plaisir.

Ainsi le poète, par un rare privilège, devient l'orateur. Il aborde tous les sujets : questions de politique étrangère, et en particulier affaires d'Orient ; questions de politique générale ; questions relatives à la défense du pays. Souvent, et de plus en plus à mesure qu'il s'initie aux problèmes économiques, il prononce des discours de caractère pratique : sur la rente, sur les chemins de fer, ou sur le sucre de betteraves...

Eh quoi ! le poète du *Lac*, de l'*Isolement*, du *Vallon*, parlant du sucre de betteraves ! Voilà un étonnement que les contemporains ont exprimé plus d'une fois, et qui blessait au vif Lamartine, car il y voyait un sentiment de malveillance à son égard, et même une manœuvre destinée à déprécier son activité politique. Il ne cessait pas de l'entendre sonner comme un reproche, ce mot : « C'est un poète », prononcé d'un air dédaigneux. On le lui avait servi lorsqu'il s'était présenté à la députation ; lors de son entrée à la Chambre ; à chaque discours ; et maintenant qu'il avait fait ses preuves, et que nul ne refusait de le mettre au rang des plus grands orateurs de l'époque, à peine émettait-il une idée nouvelle ou hardie, que l'on disait encore : « C'est un poète... »

Du poète, il se faisait une plus haute idée. Non pas un être capricieux et bizarre, chose légère volant à tout sujet. Mais un homme qui a, plus fortement que le vulgaire, éprouvé les passions, et sait ce qui se cache dans les cœurs ; qui possède, outre une souple et ferme intelligence, cette intuition que rien ne remplace dans le maniement des réalités ; qui a l'habitude des sommets, non pour se perdre dans les hauteurs, mais mieux voir les habitants des plaines. Et si on reproche à sa fantaisie de se complaire à des projets trop audacieux, il peut répondre : « Messieurs, je sais qu'on appelle tout cela des chimères et des rêves de mon imagination. Je laisse dire : l'imagination est l'œil d'une raison saine, qui porte seulement sa prévision plus loin. »

Dès lors, le poète n'était pas seulement, à son sens, l'homme qui écrit en vers. Les vers lui semblaient une des formes de la poésie : non pas la seule. L'éloquence en était une autre : et une autre, l'action. Son désir d'entrer en communication avec les âmes pouvait se satisfaire aussi bien par des discours que par des strophes ; les discours n'étant, à leur tour, qu'une manifestation de sa vaste sympathie humaine et de sa volonté de contribuer au bien commun. En se consacrant à la politique, il ne faisait que réaliser une des possibilités qui étaient en lui, et obéir aux lois de sa nature, invariables. Poésie, éloquence, action : termes équivalents pour désigner une activité supérieure de l'âme. Cette idée, qui nous semble aujourd'hui toute neuve, cette idée que la poésie n'a pas besoin, pour être poésie, de se traduire en littérature; cette idée hardie et profonde est celle même qui anime Lamartine, et rend logique et nécessaire sa nouvelle orientation.

Des préjugés dont il avait été longtemps victime se dissipaient. Maintes fois il avait reproché à son fidèle Virieu d'être entré dans l'industrie. Agriculteur, fort bien ; industriel, non pas. C'était une déchéance, à ses yeux. A présent, il comprenait son erreur : c'est Virieu qui avait raison. S'il y a une noblesse désespérée à vivre avec les préjugés séculaires, il est une autre grandeur, moins aisément saisissable, mais plus efficace, qui consiste à accepter les conditions de la vie moderne pour les améliorer. Voilà pourquoi il apportait désormais un intérêt passionné à des questions que des esprits moins nobles et moins réfléchis auraient jugées indignes d'eux ; voilà pourquoi il s'irritait, quand on trouvait étrange qu'un poète s'occupât des caisses d'épargne, des douanes, ou des bitumes des constructions navales.

II

Regardons-le, écoutons-le dans l'élan de son génie oratoire. De la tribune, sa taille svelte semble dominer l'assemblée : il se tient très droit. Son teint pâle, son large front, ses yeux voilés de douceur, donnent à sa physionomie une beauté singulière. Sa voix, puissante et grave, porte au loin ; elle rythme les phrases. Son geste est sobre et resserré. Son discours, même improvisé, reste ordonné et logique : on y sent un plan dominateur. La phrase, d'ordinaire ample et majestueuse, se condense quelquefois en formules frappantes. Le vocabulaire ne tombe jamais dans la familiarité : tout concourt à donner à l'ensemble un caractère d'élévation continue. Même le pathétique, auquel l'orateur a volontiers recours, ne cède pas à la tentation des effets faciles ; le sentiment s'accompagne toujours de raison.

Admirons son éloquence ; admirons aussi son caractère, dont la puissance se manifeste au moins de deux façons.

D'abord, par sa clairvoyance et sa sagacité. De propos délibéré, Lamartine repousse les avances que lui font les groupes, et demeure isolé. Il prend une position « volontairement excentrique » ; il est un homme de bonne volonté, qui dans chaque cas particulier ne vote que d'après sa conscience et d'après ses principes : lesquels consistent, ainsi qu'il le dit dans son discours du 13 mars 1834, à ne faire alliance ni avec les passions rétrogrades du passé, ni avec les passions subversives du moment ; ni avec les timidités des uns, ni avec les colères des autres ; à ne s'occuper que des idées ; à ne voir que les choses en elles-mêmes ; à s'élever au-dessus des formes et des personnifications des pouvoirs. Il vote pour le ministère, souvent : mais contre lui, quelquefois. Cette conduite est jugée bizarre, et risque de lui aliéner la Chambre, disposée à voir en lui un orgueilleux et un incertain : elle est dictée, au contraire, par une prévoyante sagesse. Lamartine n'est ni orgueilleux, ni incertain ; il agit suivant un dessein audacieux et parfaitement raisonné. Quelle autorité personnelle il finira par acquérir, si l'on voit qu'en toutes matières il ne considère que l'intérêt supérieur de la France ! Certes, il mettra beaucoup de temps à devenir une force, et une force centrale. Soit : il aura la patience nécessaire ; il attendra dix ans, s'il le faut : sûr d'arriver, à la fin, à cette situation unique qu'il ambitionne et qui lui permettra d'imposer ses idées. Plus qu'à la Chambre même, il s'adresse au pays, qui le comprendra, qui le suivra, et c'est par la volonté du pays qu'il dominera la Chambre.

Il ne se laisse pas porter par les événements, quitte à s'imaginer plus tard qu'il a suivi un plan réglé. Se créer à soi-même sa force ; refuser de plein gré l'appui qu'un parti prête à ses adhérents ; pendant des années, sans une impatience, sans une fausse manœuvre, accroître à la fois son talent oratoire et son autorité morale ; remettre chaque fois à l'épreuve cette autorité grandissante et la fortifier de tous les dangers courus ; devenir le maître de la tribune et le maître de l'opinion, pour n'avoir plus qu'à être à l'heure choisie le maître du gouvernement : telle est la volonté de Lamartine.

Second trait : son courageux optimisme. Il aurait, certes, beaucoup de raisons d'être dégoûté de l'humanité ; ces raisons, il les connaît si bien qu'il les énumère quelquefois. Sa vie est devenue effroyable ; il se lève avant l'aube pour dépouiller sa correspondance, qui contient une majorité de lettres de quémandeurs, et aussi des lettres d'insulteurs anonymes. Il faut qu'il reçoive « tous les misérables qui assiègent sa porte de poète et de député » ; c'est en vain qu'il se ruine, le Pactole ne suffirait pas à les contenter. Les séances de la Chambre le fatiguent et l'épuisent. « Quel métier ! » s'écrie-t-il. Passe encore, si son dévouement à la cause publique lui valait quelque reconnaissance : c'est tout le contraire. Les uns le tiennent pour le plus intrigant des hommes, et les autres pour le plus naïf des rêveurs, tandis que ses électeurs sont toujours prêts à accueillir les pires calomnies sur son compte. Lamartine n'ignore rien de toutes ces misères, et il en souffre. Il n'en continue pas moins à faire acte de confiance, acte de foi. « L'homme a deux chemins pour aller à un but : l'optimisme et le pessimisme. Je suis pour l'optimisme, l'autre route ne mène qu'au mal par le mal. »

III

Aux vacances, il quitte Paris et se réfugie à Saint-Point, pacifique asile. Alors il croit revivre. Après avoir salué d'un regard ami les champs, les vignes, les noyers séculaires, il franchit le seuil de sa demeure, s'assied à son foyer et réveille ses rêves. Ou bien il selle son cheval, siffle ses lévriers, part au galop à travers la campagne ; fatigué, il s'arrête et bavarde avec les paysans qui regagnent leurs chaumières à la tombée du jour. Il va voir, il reçoit ses vieux amis mâconnais, et son oreille retrouve l'accent du terroir. Jours heureux, s'ils étaient désormais autre chose qu'une trêve ; et si, parmi ces souvenirs qu'il fait surgir à chaque pas, ne se levaient aussi les souvenirs des morts ! « Vivre, souffrir, penser, parler, écrire, quelquefois chanter : c'est toute ma destinée à présent. *Jouir* est un mot détaché de mon dictionnaire... »

Quelque fois chanter : c'est l'époque, en effet, où il fait entendre ses derniers chants : *Jocelyn* (1836) ; *la Chute d'un Ange* (1838) ; *les Recueillements poétiques* (1839).

Sur les malheurs de Jocelyn et de Laurence, d'humbles yeux ont versé bien des larmes. On plaignait Jocelyn, qui, pour permettre à ses parents de doter sa sœur, se sacrifie et entre au séminaire, héroïque et pâle parmi ses compagnons en robe noire. On tressaillait en voyant éclater sur le séminaire l'orage de la Révolution ; et on suivait Jocelyn, menacé et traqué, dans sa fuite jusqu'au sommet des Alpes, jusqu'à la grotte des Aigles, devenue son séjour solitaire. Tout à coup des détonations font retentir les cimes ; des soldats poursuivent deux proscrits, le père et le fils ; le père confie son enfant aux soins de Jocelyn, et expire. Alors Jocelyn entoure le jeune Laurence de ses soins affectueux ; jusqu'au jour où il découvre que Laurence est une femme ; et leur tendresse prend un nom plus doux.

Qui donc, lisant ce récit dans les chaumières de France, sous le cercle de la lampe, ne s'arrêtait alors, haletant? Viennent les mauvais jours. Jocelyn n'a pas encore été ordonné prêtre ; et il pourrait s'unir à Laurence, sans la plus troublante vicissitude. En effet, un émissaire le rejoint jusque dans la grotte des Aigles, et l'appelle à Grenoble, où le vieil évêque, emprisonné par les sans-culottes, et attendant l'heure de son exécution, veut avant de mourir se confesser, léguer le troupeau des fidèles à un autre berger, et lui conférer l'ordination. C'en est fait ; Jocelyn est prêtre ; il faut qu'il renonce à Laurence sous peine de sacrilège. Alors frémissaient lecteurs et lectrices, attentifs à cet aspect nouveau de la lutte éternelle entre la passion et le devoir.

Le devoir l'emporte. Jocelyn, revenu à la vie après une crise où il a pensé mourir, est nommé curé d'une pauvre paroisse des Alpes, qui s'appelle Valneige ; il s'efforce d'oublier. Mais un jour qu'il a dû se rendre à Paris, il rencontre Laurence, Laurence déchue et avilie ; et il regagne Valneige pour retrouver dans l'accomplissement du devoir journalier la paix qui le fuit.

On appelle le curé de Valneige auprès d'une voyageuse qui, traversant les Alpes pour se rendre en Italie, s'est trouvée mal, et veut se confesser avant de mourir. Jocelyn part, le long des sentiers neigeux ; au terme de son long chemin, il trouve la voyageuse expirante : c'est Laurence. Jocelyn recueillant la confession de Laurence ; Laurence reconnaissant Jocelyn : fut-il, dans aucune histoire, plus pathétique instant?

Il l'enterre près de la grotte des Aigles, près de la demeure solitaire et sauvage où jadis ils furent heureux. Puis il reprend son ministère : jusqu'au jour où, soignant avec un dévouement presque surhumain ses paroissiens ravagés par la peste, il est enfin délivré du fardeau de la vie.

Conflits du cœur, passions vivaces et refoulées, héroïsme silencieux ; scènes tragiques et violemment contrastées ; émotion répandue d'un bout à l'autre du poème, et comme diffuse : ce ne sont pas là les seules richesses de *Jocelyn*. Car nous avons ici le poème de l'Alpe ; les cités n'y apparaissent qu'au lointain ; Paris n'y est qu'un repoussoir. Un hameau perdu, quelques pauvres maisons, une humble église : à cela se réduit le domaine de la vie sociale. Nous sommes transportés loin des humains, en pleine montagne, et presque en plein ciel. Torrents, glaciers, précipices, farouche décor des hautes cimes : le poète nous emporte vers la majesté des solitudes sublimes. Tantôt le printemps s'efforce de mettre sur ces rudes escarpements un peu de sa tiédeur ; tantôt l'hiver sévit dans sa force ; tantôt la lune verse sa pâle lueur sur les pics glacés : nous vivons dans les plus étranges paysages, et les plus nouveaux.

En même temps, nous trouvons dans *Jocelyn* la poésie la plus modeste et la plus familière. Le héros est un simple curé de campagne, cet abbé Dumont qui avait enseigné à Lamartine les rudiments du latin, et dont il s'était obstiné à ne pas voir les défauts. Il l'idéalisa ; il montra tout ce que peut contenir de grandeur vraie le ministère d'un curé montagnard. Il ne craignit pas de descendre jusqu'à la description des menus détails de la vie quotidienne ; il montra le pauvre curé dans son pauvre jardin, cultivant ses salades ; il peignit Marthe, sa vieille servante, et son bon chien Fido. Et il trouva le moyen d'aviver cette peinture en grisaille par une émotion discrète, qui l'égale aux plus brillants, aux plus déchirants tableaux.

Enfin Lamartine, prodigue de ses dons, confia à Jocelyn ses propres idées sur l'éducation des enfants, sur le rôle du prêtre, sur la société, sur la nature, sur la Providence, sur Dieu ; et il inséra dans le poème de véritables élévations ; tel cet hymne au travail et à la civilisation qui s'appelle *les Laboureurs.*

Paré de ces multiples richesses, il y eut un moment où *Jocelyn* sembla devenir le poème populaire par excellence, cher à tous les cœurs, aimé des petits et des grands, aimé des simples et des sages.

Que lui manqua-t-il? Plus de sobriété ; plus de rigueur. Dès 1823, Lamartine avait conçu le projet d'un poème immense, dont le développement aurait pris des milliers et des milliers de vers : il voulait peindre un Ange déchu, traversant sous des incarnations diverses tous les âges de l'humanité, jusqu'au dernier Jugement, et se réhabilitant devant Dieu, dans ses vies successives, par le sacrifice et par la douleur. *Jocelyn* ne devait être d'abord qu'un petit tableau, *le Journal du curé de X...* : mais le poète eut l'idée d'en faire un épisode de sa vaste épopée, de considérer la vie héroïque du curé de Valneige comme une des incarnations de l'Ange déchu : et dès lors, il l'amplifia sans mesure. La composition abandonnée, reprise, abandonnée, reprise encore, perd de sa vigueur. Commencé dès 1831, *Jocelyn* est interrompu par le voyage en Orient. Remis sur le chantier en 1834, il est laissé de côté pendant la session parlementaire de 1834-1835. Il est achevé avec une hâte fébrile, car Lamartine jette les vers sur le papier sans les reprendre et sans les corriger ; chaque matinée de Saint-Point en voit éclore des centaines. Après cela, ne nous étonnons pas si tant de passages sont négligés ; réjouissons-nous, bien plutôt, d'en trouver tant de sublimes.

La Chute d'un Ange — nouvel épisode de l'épopée divine et humaine, qui se passe à l'époque de perversité et de corruption qui précède le Déluge, et qui prend l'Ange déchu à la première étape de sa longue pérégrination à travers la douleur — doit embarrasser ceux qui se refusent à voir en Lamartine un esprit toujours en travail, et le rapetissent en le limitant. Il lui plaît ici de donner libre carrière à son imagination : et elle s'élance, comme effrénée. Elle est à son aise dans le colossal et dans le monstrueux ; elle anime un peuple de géants pervers, sensuels et formidables ; elle projette dans les airs des navires célestes et des chars ailés ; elle invente des architectures faites de corps humains qui palpitent ; elle décrit les frénésies de la chair et les aberrations des âmes ; elle ne fait triompher le principe spirituel qu'après s'être enivrée d'horreur. Elle déploie, pour rendre les formes, les couleurs, le mouvement, une ingéniosité et une force encore inconnues ; elle est animée, enluminée, plastique, sculpturale ; elle déroute les plus avertis et les force à se récrier. Le vers, d'ordinaire plus moelleux que ferme, se colore, et arrive à des effets que les poètes de la génération qui suivra ne désavoueraient pas. Si l'on donnait à deviner l'auteur du dernier vers du passage que voici, qui dirait : Lamartine?

De rares flaques d'eau et des marais immondes
Dont le croupissement a corrompu les ondes,
Où le monstre marin, dans la vase échoué,
Expire ; où le reptile au reptile est noué ;
Où, foulant le limon que son museau secoue,
L'hippopotame seul exulte dans la boue.

(*La Chute d'un Ange*, *XI*e *vision.*)

IV

Quand il eut ainsi fait briller cette grande flamme, dont l'éclat offusqua ses contemporains ; quand il eut expulsé de devant ses yeux ces *Visions* tumultueuses, en les transposant sur le papier et en les publiant, il réunit encore, dans un livre qui devait être le dernier de ses recueils poétiques, les vers nés à l'appel des circonstances et composés pour la plupart à Saint-Point, aux rares moments où sa fonction de député ne le réclamait pas. N'a-t-il pas déclaré qu'à mesure que sa vie s'avançait, « les poésies y sont devenues plus rares, comme les fleurs et les eaux deviennent plus rares en été »?

Il y a peu de pages plus touchantes et plus mélancoliques, que celles où il nous a dépeint les derniers jaillissements de cette source qui s'épuise, et qui ne coule plus qu'à l'automne :

A ce moment de l'année, je me lève bien avant le jour ; cinq heures du matin n'ont pas encore sonné à l'horloge rauque et lente du clocher qui domine mon jardin, que j'ai quitté mon lit, fatigué de rêves, rallumé ma lampe de cuivre et mis le feu au sarment de vigne qui doit réchauffer ma veille dans cette tour voûtée, muette et isolée, qui ressemble à une chambre sépulcrale habitée encore par l'activité de la vie. J'ouvre ma fenêtre ; je fais quelques pas sur le plancher vermoulu de mon balcon de bois. Je regarde le ciel et les noires dentelures de la montagne, qui se découpent nettes et aiguës sur le bleu pâle d'un firmament d'hiver, ou qui noient leurs cimes dans un lourd océan de brouillard ; quand il y a du vent, je vois courir les nuages sur les dernières étoiles qui brillent et disparaissent tour à tour comme des perles de l'abîme que la vague recouvre et découvre dans ses ondulations. Les branches noires et dépouillées des noyers du cimetière se tordent et se plaignent sous la tourmente des airs, et l'orage nocturne ramasse et roule leurs tas de feuilles mortes, qui viennent bruire et bouillonner au pied de la tour, comme de l'eau.

Ayant mêlé son âme « à cette magnifique confidence du firmament et des montagnes, des étoiles et des prés, du vent et des arbres », Lamartine ferme sa fenêtre et rentre dans sa tour. La maison n'est pas encore éveillée ; il éprouve une impression de liberté, de sécurité, qui est à elle seule un délice :

Je vais, je viens, je fais mes six pas dans tous les sens, sur les dalles de ma chambre étroite ; je regarde un ou deux portraits suspendus au mur, images mille fois mieux peintes en moi ; je leur parle, je parle à mon chien qui suit d'un œil intelligent et inquiet tous mes mouvements de pensée et de corps...

Alors il s'assied :

Le coude appuyé sur la table et la tête sur la main, le cœur gros de sentiments et de souvenirs, la pensée pleine de vagues images, les sens en repos ou tristement bercés par les grands murmures des forêts qui viennent tinter et expirer sur mes vitres, je me laisse aller à tous mes rêves ; je ressens tout, je pense à tout, je roule nonchalamment un crayon dans ma main, je dessine quelques bizarres images d'arbres ou de navires sur une feuille blanche ; le mouvement de la pensée s'arrête, comme l'eau dans un lit de fleuve trop plein, les images, les sentiments s'accumulent, ils demandent à s'écouler sous une forme ou sous une autre ; je me dis : Écrivons...

Il renferma ces feuilles d'automne, qui tombèrent ainsi une à une, dans les *Recueillements poétiques;* et ce furent ses adieux à la Muse.

Non pas que, jusqu'à ses dernières années, il ne se soit repris quelquefois à s'adresser aux hommes dans le langage ailé qu'il avait d'abord chéri. La *Marseillaise de la paix* (1841), hymne de concorde et d'amour qui répond au chant haineux du poète allemand Becker, par l'élévation de la pensée comme par l'ampleur du rythme, doit être rangée parmi les chefs-d'œuvre. *La Vigne et la Maison* (1857), psalmodie de l'âme, est une des plus poignantes expressions du lyrisme français. Mais à quelques glorieuses exceptions près, il abandonne désormais les vers.

« Faites-vous des vers? » écrit-il en 1842 à Mme de Girardin. « J'y ai renoncé. C'est trop puéril pour le chiffre de mes années. La rime me fait rougir de honte. Sublime enfantillage dont je ne veux plus. Philosophie et politique, je ne veux plus que cela, et cela se fait en prose. » Faut-il contester cette pensée, et engager une discussion avec Lamartine, en l'évoquant du pays des morts? Faut-il lui reprocher de nous avoir privés des graves harmonies que nous pouvions attendre encore de son génie? Faisons aux grands hommes la grâce de leur permettre d'avoir conduit leur vie comme ils l'entendaient; et continuons à suivre l'homme politique dans sa glorieuse ascension.

CHAPITRE VIII

LA RÉVOLUTION DE 1848, LE TRIOMPHE ET LA CHUTE DE LAMARTINE

I

A partir de 1841, Lamartine abandonne sa position d'attente, et donne l'assaut au gouvernement. Louis-Philippe n'a pas tenu ses promesses ; il a reculé devant les réformes politiques et sociales ; il s'est contenté de vivre au jour le jour, sans programme, sans dignité, sans grandeur. Il s'est lui-même condamné. Le poète orateur a conscience de sa force. La Chambre l'estime ; le pays l'aime et le suivra.

Il est difficile de regarder sans complaisance ce bel exemplaire d'humanité, tel qu'il s'apprête à agir suivant sa loi. Sa moralité est si haute, que ses adversaires, même violents, ne la mettent pas en doute : on pourra lui reprocher de s'être trompé, jamais d'avoir agi par intérêt ; l'idée d'une vilenie possible ne l'atteindra même pas. Encore y a-t-il des honnêtetés grincheuses et des sincérités implacables, qui découragent l'affection. Le caractère de Lamartine n'est pas tel : il est aimable en soi. Sa vigueur, sa robustesse aisées plaisent dès l'abord ; on le sent très humain. Il connaît des heures de détresse et d'angoisse ; il gémit au souvenir de ses deuils : « J'ai perdu non pas mes racines, mais mes fruits et mes rameaux ; » il n'ignore rien des communes misères. Mais il participe aussi à l'inlassable énergie des mortels, qui les pousse à remplir de leur activité toutes les heures de leur vie. Il se relève de son abattement, reprend son fardeau, et constate avec une manière de surprise l'élasticité qui est en lui. « L'âme est un ressort qu'il suffit de pousser un peu pour qu'elle reprenne élasticité et vigueur. La mienne est prête à toute action ou à toute pensée qui lui donne l'exercice ou le sentiment d'elle-même. Elle est morte un millier de fois et ressuscite toujours le troisième jour » (*Correspondance*, 3 novembre 1847). Qu'une brise passe, qu'un rayon de soleil l'échauffe, et cette plante souple et forte se redresse ; Lamartine « hume la vie » (*Corr.*, 17 août 1847).

Ajoutons qu'il possède un rare empire sur lui-même. Pas plus qu'il ne s'était pressé, dans la première période de sa vie politique : pas davantage il ne se hâte, maintenant qu'il s'agit de diriger l'opposition. Le difficile n'est pas de conquérir le pouvoir, mais d'avoir les qualités nécessaires pour le garder. Et donc, il se donne encore du temps : cinq années, écrit-il en 1842. Rarement on vit un aussi bon prophète.

Or cette sagesse elle-même n'est pas prétentieuse ; elle sait qu'il faut, dans tout calcul, laisser une place aux éléments imprévisibles. Un peu de fatalisme entre dans sa prescience ; il a foi dans son étoile. En voici un amusant exemple :

Vous ne savez pas combien et pourquoi je suis fataliste, comme tous ceux qui ont une fortune. Écoutez si j'en ai une. Hier matin, j'avais fait venir une quantité d'énormes carpes de vingt lieues de loin dans un vivier. Une fois les carpes dans l'eau, je ne savais plus comment les en tirer. Point de filet à vingt lieues à la ronde. Pays de vigne et de rocher, où on n'a jamais mangé une écrevisse seulement. Je monte à cheval et je traverse la grand'route. Quelque chose fait peur à mon cheval qui se cabre. Je regarde. C'est un homme qui porte un beau filet au bout d'une perche. Il me l'offre à acheter. Je le paye ; et nous dînons... (*Corr.*, à Mme de Girardin, 3 décembre 1842.)

Cette confiance est au fond le sentiment de la juste proportion des choses ; sachons décider, agir ; et quand nous sommes allés jusqu'au bout de notre raison et de notre vouloir, laissons faire aux dieux.

Il était, dit-il, comme ces vaisseaux qui louvoient jusqu'à ce qu'ils soient arrivés à une certaine latitude et qui ne partent véritablement orientés que de ce point. Il part ; il entre « dans la grande opposition, non pas négative et démolisseuse, mais affirmative et gouvernementale ». C'est vrai. De 1842 à 1846, il porte des coups droits aux hommes de la majorité. Sa méthode n'est pas de se contenter d'escarmouches, encore moins de tendre des pièges ; il monte à la tribune le plus souvent possible et provoque de grands débats d'idées. Toujours il parle « par la fenêtre » ; et sa voix porte jusqu'aux lointains horizons de la France.

A partir de 1846, il change d'armes : au lieu de parler, il écrit. Il achève, en effet, de composer son *Histoire des Girondins*, qui paraît au mois de mars 1847. « C'est un incendie. » — « On dit partout que cela sème le feu dur des grandes révolutions, et que cela améliore le peuple pour les Révolutions à venir ; Dieu le veuille ! » Le fait est qu'il attisait le feu des grandes Révolutions. Qu'il s'agisse d'histoire à proprement parler, documentée, impartiale, voilà sans doute qui serait difficile à soutenir ; mais que ce « discours en huit volumes » soit éloquent, généreux, dramatique, lyrique ; qu'il attire puissamment l'attention sur les héros du drame révolutionnaire ; qu'il les remette à la mode et les ressuscite : voilà ce qu'on ne saurait non plus contester. Pour une partie de l'opinion française, l'idée de République ne se dissociait pas de la crainte d'une Terreur renouvelée. Or, Lamartine distingue les excès, qu'il condamne, du principe, qu'il défend. Ce qu'il réhabilite, c'est l'esprit de la Révolution.

A cette époque, personne en France n'est plus populaire que lui. Fiers de leur compatriote, les Mâconnais projettent de lui élever un buste : ce contre quoi l'intéressé proteste énergiquement. — Acceptera-t-il, à tout le moins, un banquet en son honneur? — Le refuser, « ce serait refuser quelque chose de mieux que la gloire : la cordialité de son pays natal. » Il l'accepte donc.

Ce fut un banquet mémorable. Il eut lieu le 18 juillet 1847 ; on avait dressé, pour abriter les admirateurs du grand homme, un dôme en toile qui ne mesurait pas moins de quatre arpents. « Deux mille cinq cents couverts remplis, et cinq cents refusés ; on peut dire avec vérité trois mille convives, quinze cents femmes admirablement groupées, parées, enthousiastes, et deux ou trois mille spectateurs. Un spectacle comme jamais on n'en vit ! » Mais à la fin du dîner un orage éclate : « Foudre, éclairs, vent, langues de feu. Le dôme emporté en mille lambeaux sur les têtes ; les piliers, ondoyants comme des mâts de vaisseaux, près de tomber sur la foule. Pas un mouvement de terreur ; et les cris de « Vive Lamartine ! » répondant seuls, même les voix de femmes, aux coups du vent et du tonnerre. Suspension d'une heure, à sa place et sous une pluie diluvienne. Admirable patience ! » (*Corr.*, 20 juillet 1847.) On imagine la scène : à travers les grondements de l'orage qui s'éloigne, sous les rafales qui viennent battre le front de l'orateur, s'épandent les phrases prophétiques qui annoncent l'avènement prochain d'une République renouvelée.

En janvier 1848 s'engage la bataille décisive entre le gouvernement de Louis-Philippe et l'opposition. Parce qu'il a, le premier, prévu et prédit la transformation nécessaire ; parce qu'il s'est soustrait aux hâtives ambitions personnelles, pour se consacrer au service d'une cause ; parce qu'il a dégagé, par la parole et par l'écrit, le principe animateur de son parti, et qu'il est devenu l'apôtre de la liberté ; parce que son ascendant personnel a conquis la foule, qui l'a choisi comme un symbole et comme un héros — pour toutes ces raisons, lorsque au mois de février 1848 l'émeute force le roi à abdiquer et à s'enfuir, l'âme même de la Révolution, c'est Lamartine.

II

L'émeute force le roi à abdiquer : mais la France permettra-t-elle que la royauté se perpétue, dans la personne de son petit-fils? Et en attendant que celui-ci ait l'âge de régner, acceptera-t-elle une régence? Il n'y a plus d'autre autorité en France que la Chambre des députés ; la duchesse d'Orléans, accompagnée de son fils, se rend dans la salle des séances, prend place dans une loge, et un député propose de la nommer régente par acclamations.

Royauté, ou République : le moment est décisif. Il faut que Lamartine exprime sa volonté ; on l'attend. Il monte à la tribune et prend la parole : c'en est fait, il se prononce pour un gouvernement provisoire, pour la République, contre la Royauté. Il est nommé membre de ce gouvernement provisoire qu'il vient d'instituer, et ministre des Affaires étrangères (24 février 1848).

Alors il pousse un grand cri de joie : « La République nouvelle, pure, sainte, immortelle, populaire et transcendante, pacifique et grande, est fondée ! ». Encore faut-il qu'elle vive. Où est la force qui le protégera, ce frêle gouvernement qui vient de naître? Des forces hostiles se préparent à l'attaquer : les extrémistes, qui ne trouvent jamais une république assez républicaine, et voudraient pousser celle-ci jusqu'à la Terreur ; et aussi ces éléments troubles qui surgissent au moment des révolutions, les pilleurs d'épaves. L'ordre ancien est aboli, l'ordre nouveau n'est pas encore organisé. Et Lamartine fait entendre un autre cri ; cri de douleur ; cri de fierté et de sublime exaltation : « Rien que nos poitrines ! Jamais on n'a vu rien de pareil ! »

Ce n'est pas tout. Les rois de l'Europe se sont unis jadis contre la France révolutionnaire ; c'est la France révolutionnaire, plus encore que la France impériale, qu'ils ont écrasée par les traités de 1815. Ne seront-ils pas repris de crainte? Ne chercheront-ils pas à éviter la contagion de la liberté? Ne recommenceront-ils pas la guerre? Et la France ne risquera-t-elle pas de revoir l'ennemi à ses frontières? C'est l'autre danger, qui n'est pas moins grand.

Pendant cette crise il faut compter par journées.

24 *février*. — Lamartine se rend à l'Hôtel de Ville, car c'est là même, dans la maison du peuple de Paris, qu'il veut installer le siège du nouveau gouvernement. Il y arrive non sans peine, à travers les rues en effervescence ; il entre. Au dehors, des vagues humaines déferlent ; au dedans, sur les escaliers, à travers les salles, des bandes en tumulte se pressent et se heurtent ; des cris, des hurlements, de grands bruits d'armes ; des menaces, des prières, des ordres ; des accès de colère et de brusques attendrissements : car ce peuple passionné est capable de passer de la fureur aux larmes. Pour calmer les forcenés, pour rassurer ceux qui ont peur qu'on trahisse la République, pour mettre de l'ordre dans ce grand désordre, Lamartine se multiplie : seul il est capable de se faire entendre, et seul de s'imposer. La nuit tombe. Sept fois il sort, sept fois il harangue les insurgés ; voyez-le, « les vêtements en

lambeaux, le col nu, les cheveux ruisselant de sueur, souillés de la poussière et de la fumée. Il sortait, il rentrait, plus porté qu'escorté par des groupes de citoyens, de gardes nationaux, d'élèves des écoles qui s'étaient attachés à ses pas sans qu'il les connût, comme l'état-major du dévouement autour d'un chef sur le champ d'une révolution. »

25 *février*. — Le plus rude assaut. Communistes et terroristes marchent contre l'Hôtel de Ville, occupent la place, forcent les portes, et poussent une de leurs troupes jusque dans la salle des séances; un orateur sorti de leurs rangs, qui rythme son discours en frappant le plancher de la crosse de son fusil, exige que soit adopté le drapeau rouge. Lamartine répond, réfute les arguments de l'ouvrier, et respire. Mais il n'a pas atteint la foule, qui, impatiente et hurlante, attend que le drapeau révolutionnaire soit hissé à la place du drapeau tricolore. De nouveau il sort, parle, convainc, apaise; chaque fois qu'un flot humain s'avance, chaque fois il l'aborde, chaque fois il l'arrête. Son éloquence s'adapte aux circonstances : il parle en tribun, nerveux, vibrant. On l'injurie, on l'appelle traître : il découvre sa poitrine et défie ses insulteurs de le frapper.

Vers deux heures, nouvelle alerte. Il s'avance encore, le héros qui dompte les hommes en leur touchant le cœur; il s'avance pour tenter un décisif effort, monte sur une chaise de paille que maintiennent, tant bien que mal, quelques amis qui l'entourent, fait un geste : il veut parler. Hurlement; longues clameurs; puis silence. Et sa voix s'élève :

Citoyens, vous pouvez faire violence au gouvernement, vous pouvez lui commander de changer le drapeau de la nation et le nom de la France. Si vous êtes assez mal inspirés et assez obstinés dans votre erreur pour lui imposer une république de parti et un pavillon de terreur, le gouvernement, je le sais, est aussi décidé que moi-même à mourir plutôt que de se déshonorer en vous obéissant. Quant à moi, jamais ma main ne signera ce décret! Je repousserai jusqu'à la mort ce drapeau de sang, et vous devriez le répudier plus que moi! car le drapeau rouge que vous nous rapportez n'a jamais fait que le tour du Champ de Mars, traîné dans le sang du peuple en 91 et en 93, et le drapeau tricolore a fait le tour du monde avec le nom, la gloire et la liberté de la patrie!

4 *mars.* — L'ordre s'établit; un ordre très relatif, traversé de remous; suffisant enfin pour que le gouvernement provisoire prenne en hâte les mesures nécessaires à sa vie. Lamartine, sans cesse sur la brèche, appelé à prendre la parole en toutes circonstances, à répondre aux innombrables et encombrantes délégations qui prennent le meilleur de son temps, n'a garde d'oublier le danger extérieur, et adresse aux agents diplomatiques de la République française une circulaire qui est un véritable *Manifeste aux puissances.* Il proclame au monde les intentions pacifiques de la France :

La guerre n'est pas le principe de la République française, comme elle en devint la fatale et glorieuse nécessité en 1792. Entre 1792 et 1848, il y a un demi-siècle. Revenir, après un demi-siècle, au principe de 1792 ou au principe de conquête de l'Empire, ce ne serait pas avancer, ce serait rétrograder dans le temps. La Révolution d'hier est un pas en avant, non en arrière. Le monde et nous, nous voulons marcher à la fraternité et à la paix.

Au reste, qu'on ne s'y trompe pas : ce n'est point là le langage de la peur. La France, attaquée et provoquée, se défendrait. Et même, si elle accepte comme base de ses relations avec les autres peuples l'état de fait que les traités de 1815 ont consacré, elle se refuse à reconnaître l'esprit de ces traités humiliants. Elle est décidée enfin,

Elle est décidée à ne jamais violer la liberté au dedans. Elle est décidée également à ne jamais violer son principe démocratique au dehors. Elle ne laissera mettre la main de personne entre le rayonnement pacifique de sa liberté et le regard des peuples. Elle se proclame l'alliée intellectuelle et cordiale de tous les progrès, de tous les développements légitimes d'institutions des nations qui veulent vivre du même principe que le sien. Elle ne fera point de propagande sourde ou incendiaire chez ses voisins. Elle sait qu'il n'y a de libertés durables que celles qui naissent d'elles-mêmes sur leur propre sol. Mais elle exercera, par la lueur de ses idées, par le spectacle d'ordre et de paix qu'elle espère donner au monde, le seul et honnête prosélytisme, le prosélytisme de la sympathie...

Avril. — Lamartine à M. Rolland, maire de Mâcon : « J'ai passé de mauvais jours ; mais *vous*, c'est-à-dire la France, vous êtes sauvés. »

23 *avril.* — Les élections pour l'Assemblée qui doit donner à la France une constitution nouvelle sanctionnent le triomphe de Lamartine ; il est élu dans dix départements, avec deux millions de voix.

7 *mai.* — Devant l'Assemblée constituante, Lamartine présente le rapport du gouvernement provisoire sur sa gestion, du 21 février au 23 avril ; il est acclamé.

8 *mai.* — Lamartine présente un rapport spécial sur la gestion du ministère des Affaires étrangères. Il est acclamé ; la Chambre décide que le gouvernement provisoire a bien mérité de la patrie.

III

Mais quand on s'apprête à continuer la liste de ces dates glorieuses, on est forcé de s'interrompre brusquement. Elle va s'éteindre, cette lueur d'apothéose ; elle va s'éteindre en quelques mois, en quelques semaines, en quelques jours.

Cela commença par un désaccord entre la nouvelle Chambre et Lamartine. En attendant l'élection du Président de la République française, il fallait que l'exercice du pouvoir exécutif fût assuré. La Chambre voulut le lui confier ; il refusa, demandant que le pouvoir fût donné non pas à un seul homme, mais à une commission ; et à une commission qui comprendrait quelques-uns des membres les plus avancés de ce gouvernement provisoire qui venait de fonder la République. La Chambre y consentit, non sans quelque rancune : Lamartine ne fut élu qu'au quatrième rang parmi les membres de la commission.

Un désaccord, c'est peu de chose en soi. Mais celui-ci avait un sens profond. Lamartine continuait le mouvement commencé ; il voulait que le gouvernement de la République nouvelle s'inspirât de tous les principes qu'il avait proclamés au mois de février 1848. La Chambre ne le suivait plus. Il était encore la révolution ; elle était déjà la réaction. Et elle traduisait les aspirations du pays. Ne déclamons pas sur l'instabilité de la faveur populaire : cherchons plutôt à comprendre comment, si vite, cette faveur s'écarta de lui.

Elle allait vers un autre, qu'il aida à conquérir le pouvoir, par une généreuse erreur. On discutait alors la question de savoir si le futur Président serait élu directement par le peuple ; ou si, pour éviter le danger des choix impulsifs de la foule, on le nommerait par un suffrage à plusieurs degrés. Lamartine estimait, par principe, que le représentant de la République ne pouvait être que l'émanation immédiate du peuple ; son avis l'emporta, et la Chambre vota la loi qui confiait au suffrage universel et direct la nomination du Président.

Or, vers ce temps-là, les Français s'engouaient d'un homme qui représentait à la fois la liberté — au moins le disait-il — et la gloire. Rien qu'à entendre son nom, il leur semblait que l'épopée du grand Empereur allait revivre ; car il s'appelait Louis-Napoléon Bonaparte. Il se présenta aux élections présidentielles, avec les plus beaux serments de respecter et de défendre la République : et il fut élu, le 10 décembre 1848, par 5 434 226 voix. Lamartine, qui n'avait pas posé sa candidature, mais qui avait déclaré qu'il ne se déroberait pas au redoutable devoir, si on voulait le choisir, n'avait eu pour lui que 17 910 votants.

Les vaincus ont tellement tort, si rapide est la pente du chemin de l'oubli, qu'au mois de mai de l'année suivante, quand eurent lieu les élections à l'Assemblée législative, aucun département ne nomma Lamartine.

Des élections complémentaires fournirent au Loiret l'honneur de l'envoyer à la Chambre ; et Mâcon, se reprenant, l'élut aussi. Mais sa vie politique était terminée ; et il se retira définitivement, lorsque Louis-Napoléon Bonaparte, violant la constitution, devint Napoléon III, empereur des Français.

CHAPITRE IX

« JE TRAVAILLERAI : C'EST MA VIE »

I

L'étrange manière dont il gérait sa fortune l'avait mis, depuis des années, dans les pires embarras. Il y eut des moments où il pensa donner sa démission de député, tant ses dettes étaient désobligeantes et criardes ; des moments où sa bourse fut si plate, qu'il lui manqua l'argent nécessaire pour se rendre de Saint-Point à Paris ; des moments désespérés. Mais enfin, vaille que vaille, il finissait toujours par se tirer d'affaire. La faillite d'une banque, une spéculation particulièrement malheureuse, un vent de panique soufflant parmi ses créanciers, la grêle sur ses vignes, le réduisaient à toute extrémité : et brusquement, la publication fructueuse d'un nouveau livre, une hypothèque de plus consentie sur ses biens, une récolte abondante, lui permettaient de respirer ; et il recommençait aussitôt à se livrer à son vice, qui était la prodigalité.

Il ressemblait à ces joueurs obstinés qui mettent toujours leur confiance dans le coup prochain : encore une carte, et ils vont gagner. Mais lorsqu'il tomba du pouvoir, la partie fut terminée. Alors les créanciers haussèrent le ton, et Lamartine devint un débiteur comme un autre ; les huissiers frappèrent en maîtres à sa porte ; le courrier de chaque matin lui apporta des insolences et du papier timbré. Il ne reniait pas ses dettes ; il les reconnaissait, au contraire, avec un sentiment voisin du désespoir : les grandes, qui se chiffraient par centaines et centaines de mille francs, jusqu'à dépasser cinq millions ; les petites, qui lui pesaient davantage, parce qu'elles affectaient les pauvres gens qui avaient eu confiance en lui ; et les dettes sur parole, sans preuve et sans témoignage, qui lui paraissaient plus particulièrement sacrées. Il ne les reniait pas ; seulement, il n'avait rien, ou si peu que rien, pour les payer.

Une fois encore, il pensa rebondir, et de la manière la plus inattendue. Ses grands amis les Turcs, auxquels il avait dit tant de choses aimables dans son *Voyage en Orient*, et qu'il avait défendus à la tribune de la Chambre, lui apparurent comme des sauveurs : ils lui offrirent une vaste concession en Asie Mineure. Le temps d'emprunter quelque argent pour assurer les frais de voyage, et le voilà parti pour la Turquie ; il faut qu'il contemple de ses yeux ces biens inespérés. Quelle merveille ! Ses possessions ont de 28 à 30 lieues de circonférence, y compris les montagnes qui les encadrent, et qui sont fertiles comme les plaines, que dis-je ? plus grasses que la Limagne. Sept villages. De quoi faire paître, sans travail aucun, cent mille têtes de bétail : il y en a déjà trente-cinq mille qui vaguent sur le sol, sans maître. En somme, la fortune, sous quarante ou cinquante formes ; cent spéculateurs, mille agriculteurs, peuvent y trouver leur affaire : tout ce qu'on veut, sans exception... (*Correspondance*, de Burgas Owa, 16 juillet 1850).

Pour mettre en valeur cette terre bénie, que manque-t-il ? Quelques petits capitaux, tout simplement. C'est ici que commence la difficulté. Rentré en France, l'heureux possesseur de ces châteaux en Turquie a beau lancer des appels, rédiger une alléchante brochure, offrir des souscriptions pour toutes les bourses, à cinq cents francs : il ne trouve qu'oreilles sourdes. Les Français entendent bien mal leurs intérêts : ils refusent de s'enrichir ; ne savent-ils pas que la concession de Burgas Owa est quasi miraculeuse ; et qu'avec la seule pêche des sangsues, par exemple, elle peut rapporter de trente-cinq à quarante mille francs par an? — Tant pis pour eux! Et Lamartine passe en Angleterre, où il ne manquera pas de trouver de l'argent. A vrai dire, les Anglais accueillent le poète avec les prévenances les plus flatteuses, mais ils se méfient du spéculateur ingénu ; ils refusent de souscrire, tout comme les Français. A la rigueur, ils achèteraient bien la concession tout entière : seulement, l'idée de les voir s'installer à Burgas Owa n'enchante pas la Sublime Porte, qui se montre rebelle à la combinaison ; et le dernier mirage s'évanouit.

C'en est fait ; le temps des illusions est passé ; Lamartine a soixante ans. Etre pauvre, lorsqu'on a devant soi toute l'espérance, ce n'est rien. Mais lorsqu'on doit traîner, à soixante ans, un fardeau de misère et de gloire — quelle détresse, et quelle amertume ! Celui qui s'engage chargé de dettes sur la voie des tombeaux n'a même pas le droit d'invoquer la mort comme une délivrance ; il est condamné à porter sa chaîne jusqu'au plus lointain d'une vie qui ne lui appartient plus.

Or, c'est ici le plus tragique peut-être, et le plus beau. Lamartine ne s'abandonne pas ; il prend le parti du courage. Puisqu'il ne lui reste que son génie, c'est son génie qu'il exploitera ; il se fera « galérien de plume » ; il aimera mieux « mourir de travail que de douleur ». Artisan, tâcheron, ou pour mieux dire esclave, du matin au soir penché sur son papier, fébrilement il écrira. Vite, encore cette page, et cette page, et cette autre ; les dettes ne veulent plus attendre, elles sont impatientes, il faut payer. Il s'arc-boute, pousse la lourde pierre toujours retombante, et qui toujours menace de l'écraser. La sueur coule sur son corps fatigué, ses forces diminuent : il se raidit pourtant, et continue avec un courage invincible cette lutte désespérée. Les spectateurs le regardent avec indifférence ; quelques-uns ricanent. Mais à la postérité, il apparaît plus grand et plus admirable en cet effort suprême que dans les plus beaux de ses jours heureux.

A Paris, il a quitté son hôtel de la rue de l'Université, pour habiter une modeste maison de la rue de la Ville-l'Evesque, où il installe un dépôt et un magasin de ses ouvrages. A Saint-Point, au temps des vacances, il se met au travail avant l'aube, et ne finit qu'avec le couvre-feu. Quelquefois il se rend à Monceaux. Sur la terrasse du jardin passe un grand vieillard que le temps ne réussit pas à voûter. Il porte obstinément une redingote râpée et un haut de forme gris, à la mode d'autrefois : il n'en a pas moins très grand air. Si des amis fidèles viennent frapper à sa porte, il les accueille avec reconnaissance. Un jour de l'année 1850, un jour d'automne, les quelques convives réunis à sa table à l'heure du déjeuner l'attendent longuement ; et Mme de Lamartine est d'avis qu'on commence sans lui. Tout d'un coup retentit son pas ; il entre, encore absorbé dans sa pensée, tenant à la main des feuillets dont l'encre est à peine séchée. Voulez-vous entendre, dit-il, quelques strophes que je viens d'écrire? De sa belle voix grave, il commence la lecture ; il s'adresse au sculpteur qui a fait son buste, le comte d'Orsay, et lui demande de briser son ouvrage :

. . . .

Oui, brise, ô Phidias ! dérobe ce visage
A la Postérité qui ballotte une image
De l'Olympe à l'égout, de la gloire à l'oubli.
Au pilori du temps n'expose pas mon ombre !
Je suis las des soleils, laisse mon urne à l'ombre !
Le bonheur de la mort, c'est d'être enseveli.

Que la feuille d'hiver, au vent des nuits semée,
Que du coteau natal l'argile encore aimée
Couvrent vite mon front moulé sous le linceul !
Je ne veux de vos bruits qu'un soupir de la brise,
Un nom inachevé dans un cœur qui se brise ;
J'ai vécu pour la foule et je veux mourir seul.

(Stances à d'Orsay.)

II

Dès 1843, tandis qu'il se reposait à Ischia des fatigues de la politique, voici que se présentèrent à lui les doux fantômes de son passé : il les accueillit tendrement, et se plut à vivre en leur compagnie, oubliant avec eux le présent âpre et dur. Après 1848, lorsqu'il se vit abandonné, déchu, et qu'il se sentit entrer tout d'un coup dans l'ombre, il alluma la lampe du souvenir. Alors elles accoururent de nouveau, les romanesques filles de son imagination ; elles accoururent à cette pâle lumière, toutes prêtes à parer de leur grâce et de leur poésie le déclin commencé.

Ainsi naquit, dans un court espace d'années, une série d'œuvres qui présentent ce commun caractère d'être sursaturées d'émotion Ce furent *les Confidences* (1849) ; *Raphaël*, qui parut la même année ; *Geneviève* (1850) ; *le Tailleur de pierres de Saint-Point* et les *Nouvelles confidences* (1851) ; enfin *Graziella* (1852), qui à vrai dire n'est qu'un chapitre détaché du premier de ces écrits.

On imagine quelquefois un vaste royaume, où vivent les héros des livres célèbres. Royaume sans cesse détruit et sans cesse renouvelé : chaque lecteur qui disparaît en emporte un lambeau avec soi ; chaque lecteur qui reprend en main les œuvres immortelles, le reconstruit pour sa part ; chaque génération le transforme à son idée. Mouvant et incertain royaume : tel de ses habitants, qui se croyait sûr de durer, s'estompe et s'efface ; tel parvenu y devient roi. Reflet des conditions humaines, il contient des individus de toute classe ; reflet des sentiments humains, il contient des criminels et des pervers, des héros et des martyrs. A plusieurs de ses personnages, Lamartine a conféré le privilège d'y habiter pour toujours.

Dans la foule des amoureux qui doivent à la littérature leur éternité, on reconnaît ceux qu'il créa : Raphaël et Elvire, qui se promènent sur les bords d'un lac enchanté, et redisent en les amplifiant ses strophes harmonieuses ; puis la tendre Graziella. C'est la plus séduisante fille, la plus simple et la plus spontanée ; son teint est mat, ses lèvres charnues, ses dents d'une éclatante blancheur : une flamme brûle dans ses yeux. Elle porte le costume des femmes de Procida, et leur parure : une soubreveste rayée de noir et de vert, flottant ouverte sur ses hanches ; un mouchoir de soie rouge, qu'elle laisse pendre derrière sa tête en long triangle sur ses épaules ; des boucles d'oreilles ciselées où les fils d'or s'entrelacent avec de la poussière de perles ; et des fleurs de laurier-rose dans ses cheveux noirs. Elle s'est éprise du jeune Français qui est venu visiter Naples, au point qu'elle a juré d'entrer au cloître, si jamais il s'en allait. Il est parti pourtant : et au milieu de ses sœurs, les amoureuses désespérées, Graziella la corailleuse pleure éternellement.

Jusqu'à l'époque de Lamartine, dans le paradis des héros de roman, les enfants n'étaient pas tolérés. En voici un désormais : celui des *Confidences*. Fut-il jamais plus doux éveil à la vie ? Plus de liberté ? Plus d'aisance ? Soins plus touchants, de la part d'une plus aimable mère ? Une tendre atmosphère fluide flotte autour de lui, et imprègne jusqu'à la nature humanisée ; elle se déplacera quand il se déplacera, et elle l'accompagnera partout, comme les saints conservent leur auréole. Belle et séduisante figure ; non point vigoureusement taillée et sculptée ; voire un peu molle en son contour. Mais délicate, et nostalgique : attendrissement délicieux de Lamartine sur Lamartine enfant.

Et voici encore, dans ce monde où les humbles n'avaient pas davantage droit de cité, deux humbles personnages l'un à l'autre apparentés par le cœur : le tailleur de pierres de Saint-Point, et la vieille servante Geneviève. Le tailleur de pierres a aimé l'accorte Denise, et Denise l'aimait, et les accordailles étaient faites, et le jour du mariage était fixé, et ils se seraient épousés dans la joie — s'ils ne s'étaient aperçus que Gratien l'aveugle, frère du tailleur de pierres, aimait Denise de son côté, et qu'il allait mourir d'amour et de chagrin. Alors le fiancé s'est sacrifié ; il est parti, laissant la place à son frère ; et errant de ville en ville pour accomplir son tour de France, toujours et partout il pense à Denise et à Gratien. Quand il revient après des années, il renaît à l'espoir, car Gratien est mort et Denise est libre : il va pouvoir l'épouser enfin. Mais non : il n'est pas de ceux qui ont le droit d'être heureux ; et au moment où il croit toucher au bonheur, Denise lui est enlevée par le plus tragique accident. Alors il mène la vie d'un saint, retiré dans la montagne, se contentant des plus pauvres nourritures, donnant son travail pour rien aux paysans qui le demandent, aimant ses animaux familiers, et élevant son âme jusqu'à ce Dieu qui, maître du destin des hommes et possesseur du secret du bien et du mal, consent enfin à le rappeler à lui.

Geneviève aimait Cyprien, et Cyprien l'aimait, et les accordailles étaient faites, et le jour du mariage était fixé, et ils se seraient épousés dans la joie — si Geneviève ne s'était aperçue que Josette, la sœur cadette dont elle a la charge, était prise d'une jalousie qui l'aurait bientôt conduite à la mort. Geneviève s'est sacrifiée ; elle rend sa parole à Cyprien ; bien plus ! elle prend sur elle une faute que Josette a commise, et ne la révèle même pas après la mort de la jeune fille, pour que sa mémoire ne soit pas souillée. Elle se laisse insulter, calomnier, chasser ; elle se fait servante, elle se fait mendiante ; elle erre à travers la montagne, pieds nus dans la neige, et ne trouve pas une pierre où reposer sa tête ; elle arrive, humiliée, désespérée, jusqu'aux portes de la mort. Enfin on lui rend justice ; elle devient la servante du curé du village, puis la gardienne d'un humble hospice montagnard, où elle mourra en faisant le bien.

A eux deux, le mystique tailleur de pierres et la vaillante Geneviève représentent toute une classe : ceux qui travaillent et qui peinent, ceux qui souffrent ; les obscurs et les misérables ; les héros sans gloire ; les martyrs. Le monde les dédaigne, parce qu'il sont privés de tous les biens terrestres : mais ils mettent tout le ciel dans leur étroite vie. Lamartine veut qu'on fasse honneur à leur pauvreté, qu'on les admire pieusement, et qu'on leur réserve une place à côté des plus nobles des enfants des hommes : car ils sont nobles aussi ; et douloureux.

Vraies, ces créatures de son imagination ? Cela dépend de ce qu'il faut entendre par vérité : la vérité, après tout, n'est pas seulement ce qui est, mais encore ce qui doit être. « Les poètes, qu'on accuse d'être des assembleurs de fictions et des récitateurs de mensonges, sont les plus vrais de tous les hommes... Tout poème est une vérité. » Ce n'est pas que les héros lamartiniens ignorent le mal : Graziella sait bien que le jeune Français qui l'a abandonnée, a péché par légèreté ; et qu'il y a des lois sociales injustes et cruelles, puisqu'elles font mourir celles qui se sont données sans retour. Geneviève sait bien que les hommes sont vils, enclins à écouter la médisance et la calomnie ; et que, faciles à croire le mal, ils aiment jeter la pierre à ceux qui souffrent pour la justice. Ces héros ne pensent pas que tout soit pour le mieux dans le meilleur des mondes ; ils ne prétendent pas que la pratique de la vertu soit sans mérite, tant elle est facile et aisée : ils ne sont pas si sots. Mais, connaissant la puissance du mal, ils restent sans aigreur et sans amertume, parce qu'ils ont confiance dans le triomphe définitif du bien ; sûrs que quand ils seront parvenus au terme de leurs jours terrestres, ils trouveront l'équité suprême dans un monde meilleur. Sensibles, et prompts aux larmes, et possédés de je ne sais quelle fièvre de sacrifice, ils sont doués aussi d'une force surhumaine, qui vient de leur inébranlable bonté. Ils se souviennent qu'ils portent en eux, dans leurs conditions diverses, un peu de l'âme de Lamartine lui-même : « Je ne me souviens que des bons. J'oublie sans effort les autres. Mon âme est comme ces cribles où les laveurs d'or du Mexique recueillent les paillettes du pur métal dans les torrents des Cordillères. Le sable en retombe, l'or y reste. A quoi bon charger sa mémoire de ce qui ne sert pas à nourrir, à charmer, ou à consoler le cœur?... (*Confidences*, *Préface*, p. 15.)

III

Et les pages s'entassent sur les pages ; et la souple écriture anglaise, jadis si parfaitement régulière et harmonieuse, se presse et s'énerve ; et les livres succèdent aux livres. — De Lamartine, ce drame intitulé *Toussaint Louverture* (1851)? — Sans doute. Nous savons bien que les poètes aspirent toujours à la gloire des dramaturges ; et d'autre part, défenseur attitré de toutes les libertés, il défendait la cause de la liberté des noirs : d'où ce drame ; et Toussaint Louverture comme héros. De Lamartine, l'*Histoire de la Révolution de* 1848 (1849)? l'*Histoire de la Restauration* (1851)? Rien n'est plus naturel : c'étaient là ses souvenirs, son testament politique, son plaidoyer *pro domo*. Et *le Nouveau voyage en Orient* (1851-1853)? Puisqu'il avait pris la peine d'aller jusqu'à Burgas Owa, il pouvait bien tirer de son expédition, à défaut de richesse, au moins un livre. Et *Les Constituants* (1855)? Et l'*Histoire de la Turquie* (1855)? Et l'*Histoire de la Russie* (1855)? Et ces innombrables biographies, que chaque année voyait éclore? Comment trouvait-il le temps de se documenter? de rédiger? d'écrire? Mme de Lamartine, qui joue le rôle de secrétaire, ne peut arriver à le suivre : elle met plus de temps à recopier une œuvre que son mari à la composer.

Quand cette surabondante production devrait passer à l'oubli (ce qui n'est pas; car nos anthologies y trouvent plus d'une fleur admirable), une grande idée méritera toujours d'être dégagée des œuvres de vieillesse de Lamartine; et la voici.

CHAPITRE X

LE JOURNALISTE DU PEUPLE

A tous les titres de gloire que Lamartine s'est acquis, je demande qu'on en ajoute un autre ; et qu'on l'appelle le journaliste du peuple : il eût aimé ce nom. Car il faut ici bien le comprendre : il écrit pour gagner son pain et pour payer ses dettes ; il écrit désespérément. Mais dans ce désespoir même, il conserve une secrète volupté. Le contact avec la foule : voilà sa joie. Instruire, élever, ennoblir la foule : voilà son honneur. Jamais il ne flattera une passion basse ; jamais il ne cherchera le succès, le succès dont il a besoin pour vivre, en s'abaissant : au contraire, il élèvera le public jusqu'à lui. Telle est sa très ferme volonté ; et tel est le rayon qui illumine encore son couchant.

I

Le journalisme, il l'avait pratiqué déjà, au temps de sa carrière politique. Mais maintenant, c'était une autre affaire : il voulait être non plus le chef d'un parti, mais le conseiller du peuple.

Le conseiller du peuple : tel est en effet le titre du premier journal qu'il rédigea, après son échec. Et de 1849 à 1851, tous les mois, il s'adressa à la foule, pour la guider, pour lui expliquer les événements contemporains, pour former son jugement, pour entretenir en elle le culte de la liberté menacée. L'élection de Louis-Napoléon Bonaparte à la présidence de la République le força d'interrompre son effort : tenace, il le reprit sous une autre forme. Alors parurent *les Foyers du peuple* (1851) : publication à vrai dire fort désordonnée, où il se contente de proposer, pour les lectures à faire dans les foyers de France, des fragments de ses œuvres anciennes ; mais qui indique la recherche d'une plus heureuse formule, rendue nécessaire par la difficulté des temps. Plus stable, et tout plein d'éclairs de génie, fut *le Civilisateur* (1852-1854), qui lui succéda.

Ce beau titre se justifie. Le peuple, pense Lamartine, connaît mal l'histoire : l'histoire, leçon de morale et de justice ; l'histoire, gardienne des titres de gloire de l'humanité. Il faut la lui faire connaître : mais par quel biais? Ce qui passionne les masses, ce n'est pas le récit des événements, ce ne sont pas les considérations politiques ou philosophiques : ce sont les hommes, et les hommes seuls. « Le peuple des lecteurs n'est pas érudit, il est pathétique. » L'histoire pathétique des grands hommes : voilà justement ce qu'il va lui donner. Un jour, il le fera entrer dans la familiarité d'Homère, ou de Socrate, ou de Cicéron ; un autre jour, il lui narrera la vie et les aventures héroïques de Christophe Colomb ou de la grande Jeanne d'Arc. Toujours, il aura soin de montrer la beauté de ces existences illustres, et leur utilité pour les progrès du genre humain. Et les lecteurs, dans les villes et dans les villages et dans les hameaux, en même temps qu'ils s'attacheront à ces histoires comme au plus palpitant, comme au plus vrai des romans, s'instruiront, deviendront meilleurs, et chercheront à participer à leur tour à la grande œuvre de civilisation.

Le difficile est d'entrer en communication avec les

âmes simples, et de se faire comprendre même par les frustes esprits. Lamartine le sent bien : « Le peuple et les écrivains n'ont pas parlé jusqu'ici la même langue... » Mais il n'hésite pas ; son choix est fait ; tout à l'opposé des artistes dédaigneux qui rougiraient de se commettre avec la foule, il estime que « c'est aux écrivains de se transformer et de s'incliner pour mettre la vérité dans la main des masses. S'incliner ainsi, ce n'est pas abaisser le génie, c'est l'humaniser ». Et il propose un trait d'union : « Nous nous efforcerons d'élever le style de nos récits jusqu'à ce chef-d'œuvre de l'art, la simplicité... » Élever le style jusqu'à la simplicité : admirable formule, où l'on retrouve, avec toute son expérience d'écrivain, tout son cœur. Le style simple n'est pas seulement le plus beau ; c'est le plus universellement intelligible ; c'est celui qui est capable d'unir, dans une ferveur d'admiration commune, les savants et les ignorants, les connaisseurs et les profanes, les enfants et les vieillards, et tout le peuple de la cité des hommes.

Ainsi son évolution est accomplie. Qui, mieux que lui-même, pourrait en marquer la dernière étape? « Nous avons chanté autrefois dans la langue des poètes pour les heureux et les oisifs de la terre. Nous avons parlé plus tard la langue des orateurs dans les tribunes des hommes d'État et dans les tempêtes civiles de la patrie. Plus humble aujourd'hui, et peut-être plus utile, nous ne rougissons pas d'apprendre la langue qui va à votre intelligence par votre cœur, et de nous faire simple avec les simples, petit avec les petits. » Cette volonté de servir jusqu'à l'extrême limite de ses forces, le soutient dans sa tâche ; glorieuse fut sa jeunesse, couronnée de poésie ; glorieux son âge mûr ; amère est sa vieillesse, mais non point indigne d'être vécue, puisqu'il lui est donné de connaître encore les ferveurs de l'apostolat.

II

Si nous trouvons, perdus au fond d'une bibliothèque ancienne et comme ensablés déjà par la poussière, les vingt-huit volumes de son *Cours familier de littérature*, traitons-les mieux qu'avec respect : avec amitié. Songeons d'abord au labeur qu'ils représentent. Il l'a commencé, ce cours familier qui est bientôt devenu le grand travail de sa vieillesse, l'année 1856, après que *le Civilisateur* eut sombré ; il l'a continué jusqu'à ses derniers jours. Tous les mois, sans répit, et vaille que vaille, il fournissait aux lecteurs soixante-quatre ou quatre-vingts ou quatre-vingt-seize pages d'impression. La page de titre porte ce mélancolique et discret appel : « On s'abonne chez l'auteur... » Pauvre auteur, à qui l'on faisait la grâce d'un abonnement ; qui prenait la peine de répondre, et de remercier de la charité grande ; pauvre galérien de plume, qui sur sa galère qui sombrait ramait désespérément !

Ne lui soyons point sévères. Il promet de nous faire connaître tous les monuments de la littérature, depuis les temps les plus reculés jusqu'à nos jours, dans toutes les langues, à travers tous les pays : ne lui demandons pas de remplir toute sa promesse ; ne lui demandons pas, surtout, de la remplir avec ordre. Nous passons de Dante à Béranger, de Rouget de Lisle à David, et de David à la musique de Mozart. Nous étions dans l'Inde : tout d'un coup nous sommes à Paris. Les digressions s'enchevêtrent, et deviennent inextricables. Tant mieux : préférons les chemins de traverse, avec Lamartine, à la grande route, avec quelque pédant. Nous étions menacés d'un cours : et on nous invite à la plus aimable conversation, à la plus familière causerie. Car c'est une conversation à vol d'idées, une causerie que tout sujet attire et retient, une flânerie amusée à travers la matière immense de la littérature universelle. Ce désordre est un charme ; et si nous songeons qu'il traduit la qualité d'une pensée qui, au milieu de ses pires servitudes, refuse d'aliéner sa fière indépendance et de sacrifier même son caprice, ce désordre est émouvant.

Nous apprendrons beaucoup. Nous ne partagerons pas toujours les jugements de Lamartine : mais tous nous donneront matière à réflexion. Il a tant lu ; tant vu ; il connaît si bien les hommes ; sa raison est si claire et si saine ; son âme est si franche et si sincère, que des heures passées avec lui, nous sortirons enrichis de connaissances, et meilleurs. Une constante sensibilité littéraire, relevée d'admirables trouvailles : voilà la leçon que nous donnera chaque entretien du *Cours familier.*

III

Mais surtout, nous achèverons de mieux connaître sa grande âme. Nous le verrons qui cherche à préciser et à fixer ses idées sur les problèmes essentiels, de façon à arriver sans incertitude et sans trouble à l'heure des clartés éternelles : une fois de plus, il se confessera devant nous, avec une fermeté et une gravité qui vont croissant. Nous compatirons à sa grande peine. Nous recueillerons les appels qu'il adressait à ses lecteurs, quand il leur faisait l'honneur de leur demander un peu d'argent pour ne pas mourir dans la honte. Nous assisterons à ses heures d'amertume : car, si confiant qu'il fût dans le triomphe du bien, il lui arrivait parfois de crier son angoisse : nous l'aimerions moins, si sa sérénité l'avait fait impassible. Il souffrait, au contraire, et ne cachait pas sa souffrance. Quand ses ennemis l'insultaient, en l'accusant de chercher à faire du bruit pour de l'argent, cet outrage le faisait bondir ; quand la misère lui imposait quelque nouveau sacrifice, il protestait contre la France ingrate.

Mais, passés ces moments où il ne peut s'empêcher de demander que le calice trop amer s'éloigne de ses lèvres, son âme revient aisément à sa virile noblesse. Elle veut retrouver, elle retrouve des raisons de s'apaiser, de se consoler, et d'espérer encore. Il y a peu de pages plus émouvantes, dans ce sens, que le début du *Cours familier*. Lamartine, qui recherche moins encore la clientèle que l'amitié de ses lecteurs, ne peut s'empêcher de s'ouvrir à eux, en commençant une publication qui doit être une longue confidence. Et nous croyons saisir, dans ses paroles, tous les mouvements d'un cœur douloureux qui s'attendrit, s'exalte, se trouble, se reprend, et s'affermit, pour finir.

Il vieillit sans postérité dans une maison vide, et tout entourée des tombeaux de ceux qu'il a aimés. Il n'a plus rien ; il n'est pas sûr de ne pas aller mourir sur quelque chemin de l'étranger. De cette détresse, il prendrait aisément son parti, s'il n'était responsable de ceux qui ont eu confiance en lui et qui lui réclament leur dû. Cesser de travailler un seul jour, permettre à la maladie même d'interrompre ses veilles, c'est trahir ces créanciers qui crurent jadis à sa parole. Et on lui reproche comme une vanité le labeur auquel il est ainsi condamné ! Autant reprocher au casseur de pierres d'obséder la voie publique de sa présence !

Sur ces pages où ils me reprochent d'entasser des monceaux de vanité, ce n'est pas de l'encre que vous lisez, sachez-le bien, c'est de la sueur !

Que je vive dans la mémoire de Dieu, je me ris de celle des hommes ! La vie ne m'est plus rien !

La vie, dans ma situation, et après les épreuves que j'ai

traversées, ou que je traverse, ressemble à ces spectacles d'où l'on sort le dernier et où l'on stationne malgré soi, en attendant que la foule s'écoule, quand la salle est déjà vide, que les lustres s'éteignent, que les lampes fument, que la scène se dénude avec un lugubre fracas de ses décorations, et que les ombres et les silences, réalités sinistres, rentrent sur cette scène tout à l'heure illuminée et retentissante d'illusions.

Et qu'y regretterais-je donc à présent, dans cette vie? N'ai-je pas vu mourir avant moi toutes mes pensées? Ai-je envie d'y chanter encore d'une voix éteinte des strophes qui finiraient en sanglots? Ai-je du goût pour rentrer dans ces lices politiques qui, fussent-elles rouvertes, ne reconnaîtraient plus nos accents posthumes? Ai-je un bien ferme espoir dans ces formes de gouvernement que le peuple abandonne avec autant de mobilité qu'il les conquiert? Suis-je assez fou pour croire que je fondrai ou que je taillerai à moi seul en bronze ou en marbre une statue colossale du genre humain, quand Dieu n'a donné pour cela aux plus grands statuaires que du sable ou du limon pour la pétrir? A quoi bon vivre pour ne contempler autour de soi que les ruines de ce qu'on a construit dans ses pensées? Heureux les hommes qui meurent à l'œuvre, frappés par les révolutions auxquelles ils furent mêlés! La mort est leur supplice, oui; mais elle est aussi leur asile! Et le supplice de vivre donc, le comptez-vous pour rien?

Il a déjà songé à se soustraire par le suicide à ce « supplice de vivre »; mais

Mourir, c'est fuir! On ne fuit pas...

Il accomplit donc sa tâche journalière; il reste attaché « à ce pilori du travail forcé », qui ne déshonore pas mais qui épuise. Or, voici qu'un sentiment inattendu pénètre dans son âme, un sentiment qui ressemble à de la joie. Il recherche plusieurs motifs qui pourraient justifier une impression si peu logique, si étrange; et il croit trouver enfin l'explication véritable :

Mais d'où vient, me direz-vous encore, ce bonheur intime, si contradictoire avec une situation que vous dépeignez comme si pénible? Expliquez-nous cette contradiction apparente. — Un seul mot l'explique, et c'est par là que je voulais terminer : c'est que je suis redevenu franchement et exclusivement *homme de lettres;* c'est que je vis, grâce à cette passion pour la littérature, en société avec tous les hommes qui ont légué leur âme écrite à la mienne, comme nous léguerons tous une parcelle de notre âme écrite à ceux qui viendront après nous ; c'est que mon âme se distrait, s'édifie, se fortifie dans cette société des grands morts ; et c'est aussi parce que, indépendamment de ces bienfaisantes influences du travail littéraire en lui-même, je jouis de penser que ce travail, plaisir pour les uns, peine pour les autres, devoir pour moi, ne sera peut-être pas entièrement perdu pour ceux à qui je dois le fruit de mes veilles !

Tant il est vrai que Lamartine, voyant se perdre dans l'ombre de plus en plus lointaine le souvenir d'une passion qu'il ne regrettait plus, ayant dit adieu à la poésie, désabusé de la gloire politique, solitaire et las, trouva sa volupté suprême dans l'idée qu'il restait en communion avec l'humanité, pour la servir.

IV

Il lutta longtemps. Il vit disparaître un à un ses meilleurs amis : ceux qui vivent trop vieux sont condamnés à assister aux répétitions générales de leur propre mort. Et sa femme aussi s'en alla, déchirant les liens qui les attachaient l'un à l'autre. Une habitude de tous les instants ; une ferveur éprouvée ; une estime devenue amour. Et leurs enfants morts ; et le sacrifice absolu qu'elle avait fait d'elle-même ; et l'infini courage qu'elle avait montré depuis leur misère ; et sa collaboration qui ne se disait jamais lasse ; et son rôle d'ange gardien. Et ses prévenances et ses effacements. Et cette façon touchante qu'elle avait d'orner ses murs de médaillons, de porcelaines, de portraits, de tableaux qu'elle peignait; de manière que son regard se posât toujours sur un souvenir qui lui plût, et qui lui vînt d'elle. Elle partit la première pour le pays des âmes, au printemps de l'année 1863. Immobilisé par un rhumatisme aigu, il ne put assister à ses derniers moments; il ne put l'accompagner jusqu'à Saint-Point, où il voulut qu'elle fût enterrée, en attendant le moment d'aller la rejoindre dans la tombe où dormaient déjà tous les siens.

Tout était changé en France. Où était le temps où on s'arrachait les *Méditations?* Près d'un demi-siècle avait passé depuis lors. La grande génération de poètes que Lamartine avait devancée dans son vol, était morte : seul Hugo chantait encore. D'autres leur avaient succédé dans la faveur publique, qui prétendaient que leur premier devoir était de ne rien laisser transparaître de l'état de leur cœur, et de demeurer impassibles devant le spectacle de la comédie humaine. De nouveaux romanciers traitaient avec mépris ces romanciers romantiques qui avaient eu la sottise de mettre dans leurs œuvres un peu d'idéal : eux seuls, les nouveaux venus, et pour la première fois, voyaient la nature au naturel. Le scepticisme était à la mode; et l'on ne prônait plus guère que les bienfaits d'une civilisation mécanique, plaisir et argent. On cachait soigneusement une inquiétude profonde; et on affectait de rire de toutes choses : Paris était devenu comme une vaste fête, qui résonnait tous les soirs des flonflons des opérettes. C'était le règne d'une autre génération, qui, comme il arrive, était prête à comprendre et à aimer tout le genre humain, excepté la génération qui l'avait immédiatement précédée. Isolé, perdu dans ce monde étrange, Lamartine luttait toujours.

Seulement son génie, à force d'être exploité, s'épuisait. Pour rédiger les livraisons de son *Cours familier*, il se contentait de relier par un fil toujours plus ténu des citations toujours plus abondantes. Qui a lu son dernier roman, publié en 1867, et qui s'appelle *Antoniella?* Il a placé la scène sur les bords de la Méditerranée, dans ce pays napolitain vers lequel il lui a plu de se reporter une fois encore ; plusieurs passages en sont fort beaux ; le style n'a pas perdu cette fluidité, cette distinction aisée à quoi l'on reconnaît toujours sa manière. Mais que de surprenantes aventures ! C'est un mélodrame, où les coups de théâtre se succèdent sans interruption. Antoniella, l'héroïne, pousse la manie du dévouement non pas jusqu'à l'invraisemblance seulement, mais jusqu'à la folie. Avant qu'arrive le moment où sa vertu doit être récompensée, elle traverse tant et tant d'épreuves, que nous sommes écœurés, à la fin. Cette imagination, en apparence trop riche, n'est plus qu'une imagination appauvrie, qui a recours aux procédés faute d'invention véritable ; une imagination déréglée, qui fonctionne sans frein. Et comment les lecteurs contemporains auraient-ils compati aux malheurs innombrables d'Antoniella l'orpheline, au temps où ils goûtaient *Salammbô*, *Dominique* et *Renée Mauperin?*

Il n'arrivait à payer qu'une faible partie de ses dettes ; à peine arrivait-il à vivre. En 1858, des amis essayent de mettre en loterie Saint-Point et Monceaux : vainement. Alors ils provoquent une souscription nationale, qui traîne en longueur, puis échoue. En 1861, il vend Milly : juste à temps pour éviter qu'on ne l'exproprie, et qu'on ne mette à l'encan les meubles familiaux, le lit maternel. Pour garder Milly, comme il avait lutté ! Que de sacrifices il avait consentis ! que de ruses ingénues il avait trouvées ! Il avait vendu ses chevaux très aimés, et il avait gémi ; il avait fait abattre pour les vendre ses chênes favoris, et il avait pleuré. Mais il ne pouvait se résoudre à perdre Milly, qui se confondait avec sa vie même ; il y avait plus de vingt ans qu'il se débattait, et qu'il réussissait à écarter la menace. Or, cette année-là, les temps furent révolus. « J'ai vendu hier Milly. J'ai le cœur déchiré. La France est odieuse de laisser dévêtir celui qui s'est plus occupé d'elle que de lui. J'aimerais mieux qu'elle eût pris ma peau. »

Chaque jour est cruel. Les créanciers l'assiègent : on raconte que durant un séjour qu'il fit à Monceau, il s'en présenta quatre cents en dix-sept jours. Toutes les portes sont fermées à ce débiteur insolvable qui voudrait emprunter encore. Par moments, le *Cours de littérature* s'interrompt, parce que les éditeurs ne font plus confiance à cet écrivain besogneux. Il s'évertue, écrit sans relâche, fait reparaître sous de multiples formes ses productions anciennes, extrait du *Civilisateur* et du *Cours* quantité d'ouvrages qui ne sont plus que de vieilles nouveautés, entreprend la publication de ses *Œuvres complètes*, prolonge et multiplie de toutes manières son héroïque effort : tous les soirs vaincu, et prêt à recommencer le combat tous les matins.

En 1867, l'opinion publique sembla s'émouvoir ; la Chambre des députés mit en discussion un projet de loi sur les mesures à prendre pour venir en aide à Lamartine. Il espéra qu'après avoir donné à la France tant de gloire, il aurait droit à quelque reconnaissance efficace ; et qu'on le soustrairait enfin à son métier de forçat.

Mais contre l'homme politique, contre le tribun de 1848, plus d'une haine restait vivace ; et on se méfiait, aussi, d'une prodigalité dont on continuait à lui attribuer la manie. Si on lui donnait d'un seul coup une somme importante, n'irait-il pas la gaspiller? On chicana ; on marchanda : au point qu'il en fut ulcéré :

Vous ne pouvez pas vous imaginer à quel degré d'infamie et d'ingratitude se portent les propos et les résolutions négatives de la Chambre des députés. J'en suis renversé, mais je n'en suis pas vaincu. La mort même ne triomphera pas de la vérité et de mon honneur. Ils veulent me forcer à une banqueroute scandaleuse dont voici les termes précis : tu paieras dans deux mois 1 800 000 francs avec 400 000, ou plutôt avec une pension de 30 000... Eh bien ! non, plutôt la fusillade ! Paris est indigné comme moi, mais ceux qui ont un peu d'argent n'ont pas de cœur.

(A Charles Alexandre, 14 mars 1867.)

Enfin la loi fut votée : elle lui accordait, à titre de récompense nationale, une somme de 500 000 francs, exigible lors de son décès, et dont les intérêts à 5 pour 100 devaient lui être servis pendant sa vie. « Je n'ai pas répondu », écrivait Lamartine, « parce que je suis comme les chiens qui se taisent et qui se cachent pour mourir. »

8

CHAPITRE XI

DERNIÈRES IMAGES. ÉPITAPHES. CONCLUSION

Dernières images. — Le grand salon de Monceau. Tout au long du jour, un vieillard au noble profil reste assis dans un fauteuil, près de la fenêtre. Il n'est pas déchu, mais accablé. Son corps n'est pas avili, mais épuisé. Indifférent à tout ce qui le passionnait autrefois, il regarde la vie en acteur qui a fini son rôle. Il saisissait au vol toutes les idées, jadis ; chacune d'elles provoquait le jeu brillant de son esprit. A présent, il se tait. Autour de lui, sa nièce, Valentine de Cessiat, s'empresse ; elle lui a donné toute sa vie ; elle est devenue son ange gardien. Comme elle s'attriste de son silence et l'engage à parler : « J'ai bien le droit de me reposer », répond-il.

1869. A Passy, dans un pavillon dont la Ville de Paris a cédé la jouissance au poète. Il ne sort plus qu'à de rares intervalles, car ses jambes lui refusent leur service. Pour sauvegarder sa dignité souveraine, il ne reçoit plus. Seuls quelques intimes sont admis à lui rendre visite ; ils lui amènent leurs enfants, pour que ceux-ci puissent dire : « J'ai vu Lamartine. » Ils le voient enveloppé dans sa robe de chambre, comme dans un linceul.

28 *février* 1869. Un lit funèbre. Des fleurs. Un prêtre. La mort a bien voulu annoncer sa visite quelques jours

à l'avance ; l'agonie a été très douce. Les longues mains couleur de cire tiennent un crucifix ; les traits calmes indiquent que Lamartine est entré dans la grande paix.

Saint-Point. — Le cercueil a été amené par le train jusqu'à Mâcon ; ensuite, il a traversé les villages ; et dans tous les villages, les cloches ont sonné le glas. Quelques Messieurs sont venus de Paris ; peu nombreux. Les paysans pleurent leur ami, et regardent la fosse ouverte. La terre est blanche de neige ; mais le ciel est très bleu, et l'air est très doux.

Épitaphes. — On voudrait choisir pour épitaphe tel ou tel des jugements portés sur lui par ses contemporains : mais lequel?

De Ernest Havet :

Si l'homme ne vit pas seulement de pain, mais de la parole, nulle parole n'a nourri plus d'âmes que la nôtre, ni d'un plus divin et plus incorruptible aliment. Les réalités les plus brutales et les plus ternes n'étouffent pas la flamme que vous avez allumée ; vos vers la conservent inaltérable pour la dernière postérité, et votre parole, que j'appellerais volontiers votre poésie de tous les jours, la ravive à chaque instant dans le cœur des contemporains...

(15 mars 1852.)

De Villemain :

Je n'ose dire à quoi me fait penser cette infatigable puissance d'imaginer, de produire et de peindre. Je songe à ce que raconte Herschel, non pas seulement d'un infini de mondes créés, mais d'un infini d'effusions stellaires incessamment jaillissantes...

(22 août 1853.)

De Victor Hugo :

Nos âmes sont diverses, mais nos cœurs se touchent ; vous le dites, et je le sens. Il y a entre nous une sorte de fraternité haute et douce...

(27 avril 1856.)

De Mistral, qu'il fit connaître au monde :

Je vous salue, ô le plus noble de tous les hommes...

(9 mai 1859.)

De Sainte-Beuve :

Vous avez obéi à cette noble nature qui va, comme le cygne, se poser à tout ce qui est limpide, éclatant et pur...

(13 juillet 1864.)

Conclusion. — Quelle belle vie ! Non parce qu'elle fut exempte des misères humaines : elle a commencé, elle a fini par la douleur, rançon de sa gloire. Mais parce qu'elle a été, tout entière, noble et désintéressée. Parce qu'elle a été, tout entière, un acte de confiance dans le triomphe du bien sur le mal. Parce qu'elle n'a utilisé les privilèges du génie que pour consoler, instruire, exalter les âmes. Parce qu'elle s'est prodiguée avec une générosité, une chaleur inégalées. Parce qu'elle a été courageuse, et virile. Les générations qui ont précédé la nôtre s'arrêtaient de préférence à ses moments pathétiques, à ses attendrissements. Mais que dire de sa robustesse aisée, et de sa rebondissante vigueur?

FIN

BIBLIOGRAPHIE

Nous devrions citer ici, par reconnaissance, plus d'une étude sur Lamartine : celles de René Doumic, de P.-M. Masson, de P. de Lacretelle, de Jean des Cognets, de Gustave Lanson, d'Henry Cochin, de Louis Barthou. Contentons-nous d'indiquer les livres ou les articles que nous avons utilisés, et qui ne figurent pas encore dans les bibliographies courantes :

M. LEVAILLANT. Un ami de collège de Lamartine. Prosper Guichard de Bienassis (*Revue des Deux Mondes*), 15 novembre et 1er décembre 1924).

— La jeunesse inquiète de Lamartine (*Revue hebdomadaire*, 29 août, 5, 12, 19 septembre 1925).

Docteur BABONNEIX, Julie Bouchaud des Hérettes à Gand pendant les Cent-Jours, 1923.

— Julie Bouchaud des Hérettes à la maison Coigny, 1924.

— Un mémoire politique de Lamartine, 1925.

— Lamartine garde du corps (*Revue d'histoire littéraire de la France*, juillet 1925.)

Renée DE BRIMONT, L'Album de Saint-Point ou Lamartine fantaisiste. Lettres inédites en vers, 1923.

Urbain MENGIN, Lamartine à Naples et à Ischia (*Revue de littérature comparée*, octobre-décembre 1924).

— Lamartine à Florence, 1825-1828, 1925.

Henry BORDEAUX, Le secret du cèdre : Lamartine en Orient (*Revue des Deux Mondes*, 15 juin et 1er juillet 1925).

J. DES COGNETS, Lamartine et le comte de Carné (*Correspondant*, 25 juin 1925.)

R. Michaud Lapeyre, Lamartine à Aix-les-Bains. La colline de l'inspiration (*Revue des Deux Mondes*, 15 juillet 1925).

De Saint-Aulaire, Lamartine et la politique (*Revue de Paris*, 15 juillet 1925).

René de Planhol, Le grand œuvre du vieux Lamartine : le Cours familier de littérature (*Minerve française*, 15 juillet 1919).

Camille Latreille, les Dernières années de Lamartine (1852-1869), d'après les documents inédits, 1925.

— Un manuscrit de Lamartine : le XLe entretien du cours familier de littérature (*Revue d'Histoire littéraire de la France*, 1920).

— La jeunesse de Lamartine, d'après les lettres inédites de Louis de Vignet (*Correspondant*, 10 mai 1922).

A. Demaizière, la Mort et les funérailles de Lamartine, 1925.

L. Barthou, Autour de Lamartine 1925.

TABLE DES MATIÈRES

PARIS. — TYP. PLON-NOURRIT ET Cie, 8, RUE GARANCIÈRE. — 32855.

www.ingramcontent.com/pod-product-compliance
Ingram Content Group UK Ltd.
Pitfield, Milton Keynes, MK11 3LW, UK
UKHW021309190726
13839UKWH00007B/555